Worte durch Rauch und Nebel

Andrea Benesch

Bibliografische Information der Deutschen Nationalbibliothek:
Die Deutsche Nationalbibliothek verzeichnet diese Publikation in
der Deutschen Nationalbibliografie; detaillierte bibliografische
Daten sind im Internet über dnb.dnb.de abrufbar.

Die automatisierte Analyse des Werkes, um daraus Informationen
insbesondere über Muster, Trends und Korrelationen gemäß §44b
UrhG („Text und Data Mining") zu gewinnen, ist untersagt.

© 2024 Andrea Benesch
www.andrea-benesch.de

Verlag: BoD • Books on Demand GmbH, In de Tarpen 42,
22848 Norderstedt
Druck: Libri Plureos GmbH, Friedensallee 273, 22763 Hamburg

Coverdesign
art for your book

Illustrationen/Handlettering
Carolin Magunia – grafische Poetin

Korrektorat
Jacqueline Luft, Lektorat Silbenglanz

ISBN:
978-3-7597-6099-9

Einige Gedichte in diesem Buch behandeln möglicherweise triggernde Themen, darunter Mobbing, psychische, verbale und physische Gewalt, häusliche Gewalt, Stalking, Suizidgedanken, toxische Beziehungen und Traumaerscheinungen.

Bei manchen Menschen können diese Themen negative Reaktionen auslösen. Bitte sei achtsam, wenn das bei dir der Fall ist.

Solltest du von einem der genannten Themen direkt betroffen sein und Hilfe brauchen, wende dich bitte an eine der folgenden Stellen:

Mobbing

„Mobbing-Hilfetelefon"	**0800 0 116 016**
„Nummer gegen Kummer" für Kinder und Jugendliche	**116 111**
für Eltern Betroffener	**0800 111 0 550**

Stalking / Gewalt

Hilfetelefon, Gewalt gegen Frauen	**0800 0 116 016**

Der Weiße Ring
https://weisser-ring.de/praevention/tipps/stalking

Zudem gibt es sowohl für Mobbing als auch für Stalking Betroffene mittlerweile in allen Bundesländern Beratungsstellen.

Vorwort

Dieses Buch ist mein zehnter Gedichtband und ganz ehrlich, ich kann es selbst nicht glauben, dass es jetzt schon so viele sind. Als ich anfing, meine Gedichtbände zu veröffentlichen, war ich mir sicher, dass es bei einem einzigen Band bleiben würde, und jetzt sind es schon zehn.

Worte durch Rauch und Nebel ist, wie bereits sein Vorgänger, sehr stark vom aktuellen Tagesgeschehen beeinflusst. In diesem Buch findet ihr eine Sammlung von Gedichten, die bis Sommer 2024 geschrieben wurden – daher ist der Krieg in der Ukraine auch hier präsent ebenso wie andere aktuelle Themen. Das als kleine Vorwarnung.

Davon abgesehen geht es wie immer um Themen, die mich beschäftigen und bewegen. Dinge aus meinem Leben und meiner Vergangenheit, die mich nicht loslassen wollen, Gedanken, Gefühle, Ängste und Unsicherheiten, Wünsche, Träume und Hoffnungen. Ein bunter Mix, ganz wie ihr es von mir gewohnt seid.

Bitte beachtet die Triggerwarnung!

Sollte dies euer erster Gedichtband von mir sein, dann erlaubt mir bitte eine kleine Warnung: Ihr haltet hier ein Stück meiner Seele in der Hand. Ich bringe in meinen

Gedichten meine Emotionen relativ ungefiltert zu Papier und es kann vorkommen, dass ihr euch selbst in diesen Zeilen wiederfindet. Lasst euch davon nicht abschrecken, sondern bitte, nehmt es an. Das ist es, was ich erreichen will, ich möchte, dass ihr euch selbst in meinen Gedichtbänden begegnet und vielleicht dadurch erkennt und versteht, dass ihr nicht allein mit diesen Gedanken und Gefühlen seid.

Wie immer habe ich auch dieses Mal die Songs notiert, die mich inspiriert oder auch nur begleitet haben. Ihr findet sie unter jedem Gedicht und am Ende des Buches als vollständige Liste. Diesen Soundtrack meines Buches findet ihr auch auf einer YouTube-Playlist, der QR-Code dazu befindet sich ebenfalls am Ende des Buches.

Und jetzt wünsche ich euch wundervolle Lesestunden mit meinen Gedichten und hoffe, dass euch meine Worte gefallen, berühren und vielleicht sogar umarmen.

Eure

Andrea

Worte

durch Rauch und

Nebel

ICH BRAUCH *nur mich*

Immerzu sagst du,
dass du nur »mein Bestes« willst,
aber eigentlich willst du das genaue Gegenteil.
Du willst nicht,
dass ich über all das,
was mich runterzieht, hinwegkomme.
Du willst nicht,
dass ich diesen alten Schmerz loslasse.
Du willst,
dass ich für immer so kaputtbleibe,
damit du deine Macht über mich nicht verlierst.

Du willst nicht »auf mich aufpassen«.
Du willst mich nicht »beschützen«.
Du willst, dass ich dich brauche.
Du willst, dass ich es ohne dich nicht schaffe.
Du willst, dass ich von dir abhängig bleibe.

Ich kann nicht glauben,
wie lange ich dir diesen Mist abgekauft habe.
Dass ich dir so lange geglaubt

und blind vertraut habe.
Du hast mich nie unterstützt.
Du hast mich kleingehalten.
Du hast meine Ängste geschürt,
sie als Waffe gegen mich eingesetzt,
und mich in einen Käfig gesperrt
mit durchsichtigen Wänden
und Gitterstäben,
damit ich sie nicht als solche erkenne.

Du wolltest mich für dich allein
und hast alles getan,
um deinen Willen zu bekommen.
Du hast den Schorf von meinen Wunden gepult
und sie immer wieder zum Bluten gebracht.
Du wolltest, dass meine Welt nur aus dir besteht,
und fast hättest du das auch geschafft.

Aber heute weiß ich,
dass ich besser dran bin, ohne dich.
Ich brauche dich nicht.
Ich brauche nur mich.
Ich kann mich allein wieder aufbauen.
Ich kann mir ohne dich
Pflaster auf meine Wunden kleben.
Ich kann ohne dich als Stütze wieder aufstehen,
ohne dass du mich im nächsten Moment
selbst wieder zu Boden stößt.

Ich brauche dich nicht,
und was noch viel wichtiger ist:
Ich will dich nicht.
Du bist kein Teil mehr meines Lebens,
und weißt du was?
Es geht mir viel besser so.

Elif – Nur mir

ALBTRAUM

Ich höre noch immer deine Schritte hinter mir.
Ich spüre deinen Atem in meinem Nacken
und deine Hände auf meiner Haut.
Ich weiß, dass du mir nichts mehr tun kannst,
aber in meinen Träumen,
in meinen Albträumen,
kannst du das
und tust es auch.

Immer wieder holen mich die Erinnerungen ein.
Ein Mann, der so riecht wie du
oder dir ähnlich sieht.
Ein Körper, der sich an meinen drückt,
und plötzlich ist alles wieder da.
Die Angst,
die Panik,
die Verzweiflung.

Du hast aus mir ein Wrack gemacht.
Du hast mich kaputtgemacht.
Du hast mir mein Selbstvertrauen
und mein Vertrauen in die Welt genommen.
Du hast dafür gesorgt,
dass ich Angst habe in der Dunkelheit.

Meine Ängste tragen deinen Namen.
Du hast sie heraufbeschworen,
hast mich mit ihnen geschlagen,
und einfach alles,
was vorher war,
zu Asche verbrannt.

Ich habe Angst,
nachts das Haus zu verlassen.
Ich habe Angst,
wenn ich hinter mir Schritte höre.
Ich habe Angst,
wenn mich jemand berühren will.
Ich habe Angst,
wenn mich jemand in die Arme nehmen will.
Ich habe Angst,
wenn ich merke,
dass sich ein Mann für mich interessiert.
Ich habe Angst
zu schlafen,
weil du in meinen Albträumen auf mich wartest
und alles wieder von vorn beginnt.

Die Angst ist heute so ein großer Teil von mir,
dass ich mich kaum noch daran erinnern kann,
wie es war,
ohne sie zu sein.

Wie es war,
furchtlos zu sein,
unbeschwert,
jung,
mutig
und voller Vorfreude auf das Leben als Erwachsene.

Meine Albträume drehen sich alle um dich.
Um dich und das, was zwischen uns passiert ist.
Das, was du getan hast.
Was du mir angetan hast.

Du bist mein Albtraum,
aber ich weiß,
ich bin auch deiner.
Ich könnte allen erzählen,
wer
und was
du wirklich bist.

Glaubst du, du wärst dann noch immer
ihr großer Held?
Denkst du, sie würden dich immer noch so ansehen,
wie sie es jetzt tun?
Selbst wenn es so ist, wie du gesagt hast,
und mir niemand glauben wird,
einmal ausgesprochen,
kann man die Worte nicht mehr ungesagt machen.

Selbst wenn sie sie nicht glauben wollen,
ein paar von ihnen werden zweifeln,
sie werden sich fragen,
ob nicht vielleicht doch etwas dran ist.
Dein Bild wird Kratzer davontragen
und vielleicht glauben sie mir ja doch.
Was dann?

Zitterst du auch jedes Mal,
wenn du mich siehst?
Warte auch ich jede Nacht in deinen Träumen auf dich?
Bin ich dein Albtraum,
so wie du meiner bist?

Lotte – Woran hältst du dich fest, wenn alles zerbricht? (Pt. 1)

PLÄNE *und das Leben*

Ich lebe nicht das Leben,
das ich mir einst vorgenommen habe zu leben.
Ich bin viele Umwege gegangen,
habe genauso oft hingeschmissen
wie Chancen ergriffen.
Bin gefallen
und gesprungen.

Nur weil mein Leben heute ein anderes ist,
als ich es vor x Jahren einmal geplant habe,
bedeutet nicht,
dass es ein schlechtes Leben ist.
Vielleicht verdiene ich nicht so viel wie andere,
aber deswegen ist meine Arbeit
noch lange nicht wertlos.

Manchmal läuft es einfach so.
Man macht Pläne,
verfolgt sie,
passt sie gegebenenfalls an
und wenn das nicht reicht,
verwirft man sie

und fängt auf einem neuen weißen Blatt
von vorne an zu planen.

Ich habe geplant
und ich habe mich verbogen,
um diesen Plänen gerecht zu werden,
bis ich fast daran zerbrach.
Ich habe mich unter Druck gesetzt,
mich schlecht
und schuldig gefühlt,
wertlos,
dumm
und unfähig.
Ich habe lange gebraucht, um zu erkennen,
dass nicht mit mir etwas nicht stimmte,
dass nicht an mir etwas verkehrt war,
sondern an den Plänen.

Es erfordert viel Mut, die Dinge anzugehen,
die dich nicht glücklich machen.
Es erfordert noch mehr,
einen einmal gefassten Plan zu verwerfen
und neu anzufangen.
Das weiße Blatt starrt uns so einschüchternd
und anklagend an,
aber Fakt ist,
dass man es eher bereut,
etwas nicht probiert zu haben,

als es zu versuchen
und vielleicht dabei zu scheitern.

Nicht alle Pläne können gelingen.
Manchmal scheitert man,
das ist menschlich
und gehört zum Leben nun mal dazu.
Wichtig ist, sich den Staub abzuklopfen,
wenn man gefallen ist
und wieder aufzustehen.

Willst du dein Leben an dir vorbeiziehen sehen,
während du am Boden liegst,
oder willst du es aktiv mitgestalten
und es endlich leben?

Mandy Harvey – Try

Handlettering auf der nächsten Seite von Carolin Magunia

Ich habe lange gebraucht, um zu erkennen, dass nicht mit mir etwas nicht stimmte, dass nicht an mir etwas verkehrt war, sondern an den Plänen.

Facetten

Ich habe so viel zu geben,
aber die Welt will nichts davon haben.
In mir steckt so viel mehr,
als man auf den ersten Blick sehen kann.
Ich habe Tausende von Facetten,
kann Hunderte Versionen von mir sein,
je nachdem wo ich bin,
wie ich mich fühle,
was ich erreichen
oder erleben will.

Ich bin so vieles.
In mir stecken so viele Ichs,
aber der Welt zeige ich meistens nur eine Seite von mir.
Alle anderen interessieren sie nicht.
Niemand hat sich je die Mühe gemacht,
nach ihnen zu suchen.
Niemand wollte je hinter meine Fassade sehen
und herausfinden, ob da noch mehr ist.

Manchmal glaube ich,
der Rest der Welt hat diese Teile von mir nicht verdient.
Sie gehören nur mir allein
und ein Teil von mir will sie beschützen,

will verhindern, dass über sie geurteilt wird,
dass jemand diese Versionen von mir,
diese Teile,
die ich für mich behalten will,
die den Kern meines Wesens ausmachen,
zu sehen bekommt
und durch sein oder ihr Urteil befleckt.

Vielleicht ist das feige von mir,
aber wenn es schiefgeht, weiß ich nicht,
ob ich mit den Folgen leben könnte.
Ob ich sie überleben könnte.
Also setze ich weiterhin mein nahbares Gesicht auf.
Wirke freundlich und harmlos,
während in mir drin so viel mehr steckt,
als alle um mich herum sehen.
So viel Leidenschaft,
so viele Wünsche und Träume,
die ich nie ausleben werde,
weil sie nur mir gehören.
Nur mir allein.

Nina Gordon – The Time Comes

DIE WAHRHEIT *über dich*

Ich habe so sehr versucht,
anders zu sein.
So zu sein, wie du mich haben willst.
Ich habe alles dafür gegeben,
mich verdreht und verbogen,
bis ich mich selbst nicht mehr wiedererkannt habe.

Ich habe versucht,
mich deinem Geschmack anzupassen,
‚anspruchsvolle' Dinge zu mögen
und mich ‚stilvoll' anzuziehen.
Ich habe nicht mehr so laut gelacht,
weil dich das gestört hat,
und gar nicht bemerkt,
dass ich irgendwann
überhaupt nicht mehr gelacht habe.

Ich habe es versucht,
so sehr versucht,
aber egal, was ich getan habe,
egal, wie sehr ich mich verändert
und verbogen habe,
es war nie genug.

Es war nie genug,
um deine Aufmerksamkeit zu halten.
Es war nie genug,
damit du zufrieden mit mir warst.
Es war nie genug,
damit du stolz darauf warst,
mich an deiner Seite zu haben.
Es war nie genug
und ich war es auch nicht.

Ich war nicht hübsch genug,
nicht schlank genug.
Nicht gebildet genug,
nicht belesen genug.
Ich hatte nie ein Verlangen danach,
die Welt zu bereisen,
Marken,
Klamotten,
Statussymbole,
das alles war mir immer total egal.
Mich interessierten Status,
Herkunft
oder Berufe nicht,
ich beurteilte Menschen nicht danach
und es war alles,
was für dich zählte.

Wir haben nie zusammengepasst.
Aber irgendwie hast du es geschafft,
mir das Gefühl zu geben,
dass es meine Schuld ist.
Dass es an mir liegt.
Du hast es geschafft, dass ich glaubte,
dich zu wollen,
mehr als alles andere.

Du hast mir eingeredet,
ich müsse für jede Sekunde deiner Aufmerksamkeit
dankbar sein.
Dass du mir haushoch überlegen seist
und ich nie jemand Besseres finden würde.
Du hast mir eingeredet,
dass der Grund dafür,
dass du immer an mir herumgemeckert hast,
ich sei.

Dass es an mir lag,
dass du nie zufrieden warst.
Dass es meine Schuld war,
dass ich dir nie genügen konnte.
Ich sollte dankbar sein für deine ›Kritik‹,
für deine ›hilfreichen Anmerkungen‹
und ›Anregungen‹.

Du hast mich nicht öffentlich
vor all deinen Freunden und Kollegen
gedemütigt,
du hast nur versucht, mich ›zu motivieren‹.
Du hast nicht mit anderen Frauen geflirtet
oder ihnen nachgesehen,
weil du ein betrügerischer Mistkerl warst,
sondern um mir zu zeigen,
wie ich sein sollte,
damit du stattdessen mich ansehen wollen würdest,
wie du sie ansahst.

Du warst nicht grausam,
du wolltest ja nur ›helfen‹.
Du hast mein Selbstbewusstsein mit Füßen getreten,
es zermalmt, bis nichts mehr davon übrig war,
aber nicht, weil du boshaft warst
oder mich kleinhalten wolltest,
sondern damit ich mich ›verbessere‹.

Es war immer alles meine Schuld.
Aber heute weiß ich, dass es nicht so war.
Ich war an nichts schuld.
Nicht einmal daran,
dass ich auf dich hereingefallen bin.

Du bist kein Mann,
du bist ein Raubtier.

Du suchst dir Frauen aus,
die verletzlich sind,
und dann manipulierst du sie,
treibst deine Spielchen mit ihnen
und machst sie systematisch kaputt,
bis es dir entweder keinen Spaß mehr macht
oder jemandem auffällt, was du tust.

Du bist bösartig,
grausam,
gemein,
verletzend
und ein Mistkerl.

Heute weiß ich, dass du krank bist.
Entweder bist du ein Sadist
oder du bist selbst so unglaublich unsicher,
dass du die um dich herum
kaputtmachen musst,
damit du dich überlegen fühlen kannst.
Ich weiß nicht, was von beidem es ist,
aber ich bin froh,
dass ich irgendwann erkannt habe,
was du bist.

Ich bin dir entkommen,
auch wenn ich noch immer versuche,
das, was du zerstört hast,

wiederaufzubauen.
Aber weißt du was?
Ich bin entkommen,
aber du wirst es nicht.
Du musst mit dir selbst leben
und das ist die schlimmste Strafe,
die ich mir vorstellen kann.

Nelly Furtado – Try

DIE WORTE *und ich*

Ich bin verloren in einem Ozean aus Worten.
Sie alle schwirren in meinem Kopf herum
und warten darauf,
dass ich sie aneinanderreihe
und in die Welt entlasse.
Dass ich aus ihnen Gedichte forme,
die andere berühren
und bewegen
und gleichzeitig helfen,
mich über Wasser zu halten,
in diesem Ozean,
in dem ich viel zu oft zu ertrinken drohe.

Mein Leben besteht aus Worten,
ich schreibe sie,
ich lese sie,
ich singe sie.
Sie sind überall und warten darauf,
etwas in mir auszulösen,
die Zündschnur zu entflammen,
damit in mir das Feuerwerk beginnt,
ein Feuerwerk aus Worten,
die zu Gedichten werden.

Gedichte liest doch niemand.
Ja, vielleicht liest sie niemand,
vielleicht liest sie nur eine Handvoll,
doch darum geht es nicht.
Ich schreibe nicht,
damit die Worte gelesen werden,
ich schreibe,
damit ich sie aus meinem Kopf bekomme,
denn nur sie schaffen es,
mir den Druck zu nehmen,
der andauernd auf meiner Seele lastet,
und mich regelmäßig beinahe erstickt.

Ich schreibe,
wann immer mich die Worte überfallen,
wann immer sie aus mir hinausdrängen,
egal wo,
egal, was ich eigentlich gerade tue.
Ich lasse alles stehen und liegen und schreibe
und schreibe
und schreibe,
so lange, bis dieser Drang verschwindet
und ich wieder freier atmen kann.

Ich lebe ein Leben voller Worte,
mein Kopf ist erfüllt von ihnen,
meine Hände jederzeit bereit, zum Stift zu greifen
oder in die Tasten zu hauen.

Das Schreiben und die Worte
sind ein essenzieller Teil von mir,
ohne den ich mir mein Leben
gar nicht mehr vorstellen kann.

Ich bin die,
die plötzlich wie wild auf einen Fetzen Papier kritzelt.
Ich bin die,
die sich auf einmal an eine Wand lehnt
und die Grünphase grün sein lässt,
um den Strom an Worten in ihr Handy zu tippen.
Ich bin die,
die kaum noch Musik hören kann,
ohne inspiriert zu werden.

Ich bin die,
die immer über ihre Muse schimpft,
aber gleichzeitig weiß,
dass sie ohne sie nicht leben kann.
Ich bin die mit Millionen von Wörtern in ihrem Kopf,
mit Hunderten von Gedichten im Jahr,
die einfach nicht damit aufhören kann zu schreiben,
egal, ob sie jemand liest oder nicht.

Ich bin die, die ich nun mal bin,
und soll ich dir ein Geheimnis verraten?
Ich bin glücklich, so wie ich bin.

Ich bin die, deren Leben aus Worten besteht,
und ich bin dankbar dafür
und werde es immer sein.

Loren Allred – Never Enough

D̲ie̲ J̲a̲g̲d̲ *nach Bestätigung*

Wir verbringen unser Leben
auf der Jagd nach Bestätigung.
Alles muss im Internet dokumentiert werden,
auf Social Media,
egal wo,
Hauptsache, die Welt bekommt es zu sehen.
Aber warum ist das so?

Haben wir so große Angst,
nicht besonders genug zu sein,
nicht gesehen,
oder gar vergessen zu werden,
dass wir diese Sucht entwickelt haben,
unser ganzes Leben mit der Welt zu teilen,
in der Hoffnung darauf,
dass die Welt zusieht?

Jeder »Like«,
jedes »Gefällt mir«,
jeder »Daumen hoch«
beweist,
dass wir existiert haben,
dass wir wichtig genug waren,

damit andere sich die Zeit genommen haben,
auf diesen Button zu drücken.
Aber soll das der Zweck unseres Lebens sein?
Ist das wirklich alles,
wonach wir streben?

Zählt für uns nur noch die Online-Welt?
Was ist mit der realen Welt,
direkt dort draußen vor unserer Haustür?
Ist die unwichtig geworden?

Mit den Likes
und Abonnenten
kommen die Erwartungen.
Man will diesen Leuten etwas bieten,
ihnen gerecht werden,
setzt sich selbst unter Druck,
immer und immer und immer wieder.
Ist es das wirklich wert?
Sich über Algorithmus
und Reichweite,
Unfollow
und Keine-Ahnung-was-noch-Alles aufzuregen,
wenn das alles doch eigentlich Spaß machen soll?

Wir verbringen unser Leben
auf der Jagd nach Bestätigung.
Wenn es nicht im Internet ist,

dann auch im realen Leben.
Wir wollen ein »gut gemacht!«,
ein »gute Arbeit«,
ein »ich bin stolz auf dich«.
Die Meinung anderer ist wichtig für uns,
doch darüber vergessen wir oft,
dass wir uns nicht von ihr abhängig machen sollten.
Egal, ob online oder offline,
eine Meinung, die wirklich zählt,
vergessen wir oft:
unsere eigene.

Tu, was dich glücklich macht.
Sei online.
Sei offline.
Kommentiere.
Like.
Drück Buttons
und teile, was du teilen willst.
Aber vergiss dabei niemals,
dass die Meinung anderer nicht alles ist.
Es gibt so viel mehr im Leben.

Ja,
wir alle verbringen unser Leben
auf der Jagd nach Bestätigung,
aber wir können auch lernen,
uns nicht so abhängig

von der Meinung anderer zu machen,
wie wir es viel zu oft tun.

Bestätigung ist gut und schön,
»Likes«
und »Gefällt mir«s sind toll,
aber wenn du dich darüber kaputtmachst,
sind sie nichts wert.
Manchmal musst du dir selbst wichtiger sein
als jede Bestätigung von anderen.

Madilyn Bailey – She's So Overrated

DER HASS *im Internet*

Der Hass im Internet nimmt immer weiter zu,
aber warum ist das so?
Was bringt uns dazu,
Menschen online fertigzumachen?
Warum bedeutet es so vielen so viel,
die Leistungen anderer zu schmälern?
Was stimmt nicht mit uns?

Keiner von uns möchte selbst
das Ziel einer solchen Attacke werden,
also warum tun wir das dann anderen an?
Viele von uns wissen, wie weh das tut,
aber im Internet scheinen viele
das vergessen zu haben.

Ist es, weil wir niemandem
dabei in die Augen sehen müssen?
Weil wir uns hinter einem Pseudonym
verstecken können?
Warum lassen wir unseren Frust an anderen aus?
Fühlst du dich wirklich besser,
wenn du einem anderen schreibst,
er oder sie sei dick,

hässlich,
dumm,
schlecht in dem, was er oder sie tut,
oder noch schlimmer,
wenn du ihm oder ihr Schimpfwörter schickst?
Hilft dir das?
Sei ehrlich.

Es kursiert so viel Hass im Internet
und das bricht mir regelmäßig das Herz.
Früher war Mobbing zeitlich und örtlich begrenzt.
Es fand in der Schule,
der Ausbildungsstätte,
der Uni
oder am Arbeitsplatz statt.
Heute ist der Hass überall.

Er folgt dir nach Hause,
in deine eigenen vier Wände,
wo du dich eigentlich sicher,
angenommen
und zu Hause fühlen solltest.
Der Hass hört auch nicht mehr auf,
wenn du die Schule wechselst
oder den Job.
Er bleibt online
und diesen Leuten kannst du heutzutage
kaum noch entkommen.

Warum ist da so viel Hass?
Kannst du mir das erklären?
Warum können wir einander
nicht einfach in Ruhe lassen?
Warum können wir die Leistungen anderer
nicht anerkennen?
Warum haben so viele von uns das Bedürfnis,
sie dafür zu bestrafen,
indem sie ihnen Hasskommentare schicken?

Madilyn Bailey – At Least She's Pretty

DIE KETTEN *der Vergangenheit*

Wie oft schafft es die Vergangenheit, uns zu lähmen?
Sie legt uns in Ketten,
zusammen mit ihren Geschwistern
»Was, wenn« und »Hätte ich nur«.
Sie hindern uns daran voranzugehen,
mit Vergangenem abzuschließen
und unsere Zukunft in Angriff zu nehmen.

»Was, wenn ich dieses oder jenes gesagt hätte?«
»Was, wenn ich es nicht gesagt hätte?«
»Hätte ich nur meinen Mund gehalten!«
»Warum musste ausgerechnet mir das passieren?«
Wir grübeln und grübeln,
zergrübeln die Vergangenheit
und hadern mit uns selbst und unseren Entscheidungen.
Wir lassen die Vergangenheit wichtiger sein
als das, was unmittelbar auf uns zukommt.

Warum sind wir so?
Warum schaffen wir es nicht,
Vergangenes vergangen sein zu lassen?
Warum halten wir uns Dinge vor,
die geschehen sind

und nicht mehr ungeschehen gemacht werden können?
Was passiert ist, ist passiert,
aber trotzdem werfen wir uns vor,
einen Fehler gemacht zu haben,
nicht nur unmittelbar, nachdem wir ihn entdeckt haben,
sondern manche von uns
auch noch Tage und Wochen später.
Warum tun wir das?

Warum können wir es nicht gut sein lassen?
Warum kann die Vergangenheit
nicht vergangen bleiben?
Warum können wir nicht einfach damit abschließen
und weitermachen?
Warum immer dieser Blick in den Rückspiegel?
Warum lassen wir uns immer und immer wieder
diese Ketten anlegen?

Warum lassen wir zu,
dass uns unsere Vergangenheit behindert?
Aus ihr lernen, ja,
das ist gut und richtig,
aber sie sollte kein Klotz am Bein sein,
der verhindert, dass wir laufen,
rennen,
springen
und tanzen.

Das Leben besteht aus mehr als der Vergangenheit.
Aus mehr als unseren Fehlern.
Aber viel zu oft sind sie alles, was wir sehen.
Dabei ist da doch noch so viel mehr!
Das Leben ist es wert, gelebt zu werden,
also hört auf, immer nur zurückzublicken.
Schau nach vorn.
Lass die Vergangenheit vergangen sein.
Lass dir keine Ketten mehr anlegen.
Lerne aus deinen Fehlern,
aber lass sie nicht dein Leben bestimmen.

Nightbirde – It's OK

ZWEI *Gesichter*

Ich rede mir ein, dich zu kennen,
will glauben,
dass du so bist, wie ich es denke.
Ich versuche,
nicht auf das Getuschel zu hören,
die Hinweise zu ignorieren.
Ich will nicht wahrhaben,
dass neben mir im Bett ein Fremder liegt.

Wie kann es sein, dass du mir so vertraut bist,
ich jeden Zentimeter deiner Haut kenne,
und du da draußen
so ein komplett anderes Gesicht zu zeigen scheinst?

Ist es dumm von mir,
an uns,
an dir,
festzuhalten?
Uns nicht aufgeben zu wollen,
obwohl mir mein Bauch sagt,
dass es so nicht funktionieren kann?

Ist es dumm von mir,
den zu lieben, der du bei mir bist?
Ist es naiv,
darauf zu hoffen,
dass ich den anderen,
der, den du dem Rest der Welt zeigst,
niemals kennenlernen muss?

Ist es dumm von mir,
an unsere Liebe zu glauben,
auch wenn zwei verschiedene Menschen in dir stecken?
Bin ich eine rettungslose Romantikerin,
zu hoffen,
dass dein anderes Ich
sich niemals gegen mich wenden wird?

Ein Teil von mir fühlt sich so wohl in deiner Nähe,
während ein anderer Teil von mir Angst hat,
dass die geflüsterten Geschichten wahr sind
und neben mir nicht der Mann liegt, der mich liebt,
sondern ein Monster,
das irgendwann sein wahres Gesicht zeigen wird.

Vielleicht bin ich dumm
und naiv
und verliebt
und eine Romantikerin,
denn dem größten Teil von mir ist all das egal.

Dieser Teil kuschelt sich einfach noch enger an dich,
in der Hoffnung,
dass das, was da zwischen uns ist,
reichen wird,
dass es genug sein wird.
Und dass ich das Monster
niemals zu Gesicht bekommen werde.

Lotte – Woran hältst du dich fest, wenn alles zerbricht (pt. 1)

MEIN FRÜHERES *Ich*

Ich vermisse mein früheres Ich.
Mein Ich, wie ich vor dir war.
Ich vermisse mein mutiges Ich,
mein fröhliches,
wildes Ich.
Ich vermisse mein Ich,
das keine Angst vor der Dunkelheit hat,
das sich nicht vor dunklen Ecken fürchtet
und überall nur Gefahren sieht.

Ich vermisse mein früheres Ich.
Das Ich, das sich nicht ständig umgesehen hat.
Das Ich, das keine Flashbacks hat.
Ich vermisse mein Ich,
in dessen Leben die Angst
keinen dauerhaften Platz hat.
Ich vermisse mein Ich,
das nicht immer ständig wachsam war.
Ich vermisse mein früheres Ich.
Mein Ich, das du mir gestohlen hast.

Ich vermisse mein früheres Ich.
Mein Ich, das sich bei schönem Wetter
in den Park gesetzt hat.
Mein Ich, das seinem Gegenüber
nicht automatisch misstraut hat.
Ich vermisse mein Ich,
das ich war, bevor ich dich kannte.
Das Ich,
auf dem du nicht deine Spuren hinterlassen hast.

Ich vermisse mein früheres Ich.
Ich schaue mir Fotos an
und erkenne mich darauf nicht mehr.
Wer war diese fröhliche,
unbeschwerte Frau?
Wie war es, so durchs Leben zu gehen,
ohne Angst,
ohne Schatten?
Wie kann es sein,
dass sich dieses Ich so weit weg anfühlt?
Wie kann es sein,
dass es sich anfühlt
wie ein anderes Leben?

Ich vermisse mein früheres Ich.
Und ich hasse dich dafür,
was du aus mir gemacht hast.

Ich hasse dich dafür,
dass du mich verändert hast.
Ich hasse dich dafür,
dass ich noch immer deine Hände
auf mir spüren kann.

Ich hasse dich dafür,
dass du immer da bist,
egal,
was ich gerade tue.
Ich hasse dich dafür,
dass es zwei Ichs gibt,
mein früheres und mein heutiges Ich.
Ich hasse dich dafür,
dass ich nie wieder dieses andere Ich sein kann.
Ich vermisse mein früheres Ich,
weil es für mich für immer verloren ist.

Lotte – So wie ich

FARBEN

Schwarz,
Rot,
Blau,
Gelb,
Violett,
Grün.
Farben, keine Statements.
Ich trag Schwarz,
weil ich Schwarz tragen will.
Ich will kein Statement setzen,
keine Zugehörigkeit zu einer Gruppe ausdrücken
oder was man noch so hineininterpretieren will.
Farben sind Farben und nicht mehr.

Warum trägst du, was du trägst?
Weil es dir gefällt?
Weil es dir steht?
Oder willst du damit etwas ausdrücken?
Ich trage, was ich trage,
weil ich es tragen will.
Weil es mich glücklich macht,
weil ich mich darin gut fühle,
oder stark
oder fähig.

Ich lasse mir nicht sagen, was ich tragen soll.
Mode,
Influencer,
Zeitschriften,
Modebibeln,
Instagram –
es ist mir egal, was ihr von mir wollt.
Ich trage Schwarz,
weil ich Schwarz tragen will.
Ich trage Rot
und Blau
und Gelb
und Violett
und Grün,
ich trage einen ganzen Regenbogen,
wenn mir danach ist.

Meine Farben gehören mir.
Nenn mich Emo,
wenn du willst.
Nenn mich Goth,
wenn du dich dann besser fühlst.
Nenn mich altmodisch,
wenn dir das das Gefühl gibt,
besser zu sein,
als du bist.
Steck mich in eine Schublade,
so oft du willst.

Mir sind deine Schubladen total egal.
Ich trage, was ich tragen will,
ob modern oder nicht.

Schwarz,
Rot,
Blau,
Gelb,
Violett,
Grün.
Ich trage, was ich tragen will.
Leb damit,
oder schau woanders hin.

Lea - Schwarz

HEIMWEH *nach mir*

Manchmal sehe ich in den Spiegel
und weiß nicht mehr,
wer mir da eigentlich entgegenblickt.
Wer ist diese Frau,
die so viel arbeitet,
dass ihr keine Freizeit mehr bleibt?
Wer ist diese Frau,
die von Ehrgeiz erfüllt ist
und, egal wie viel sie erreicht,
immer glaubt, sie sei nicht gut genug?

Wer ist diese Frau,
die immer nur Kritik für
und neue Erwartungen an sich selbst hat?
Für die es immer nur höher,
schneller,
weiter gibt?
Ich vermisse mich,
wie ich früher war.
Ich vermisse mein glückliches,
fröhliches ich.
Ich hab Heimweh nach mir.

Ich weiß nicht mehr, wann es angefangen hat.
Wann diese negativen Gedanken
überhandgenommen haben.
Wann es wichtiger wurde,
was DIE über mich sagen,
als das, was ich über mich selbst denke,
als das, was ich fühle.

Ich hab Heimweh nach mir.
Ich vermisse es,
mit mir selbst zufrieden zu sein.
Mit mir selbst im Reinen zu sein.
Wann habe ich diesen inneren Frieden verloren?

Wann habe ich vergessen,
wer ich bin?
Wo meine Stärken liegen?
Wann habe ich aufgehört,
ihnen innerlich zu widersprechen,
wenn sie anfingen, mich runterzumachen?
Wann habe ich angefangen,
das einfach zu akzeptieren
und, schlimmer noch,
ihre Sichtweise übernommen?
Ich hab Heimweh nach mir,
der das alles mal egal war.

Glaubst du, dieses andere Ich,
dieses glücklichere, zufriedene Ich,
ist noch irgendwo in mir drin?
Ich hoffe es.
Ich hoffe, ich finde sie,
mich,
uns.
Ich hab Heimweh nach mir.
Ich will wieder dieses Ich sein
und mein Leben mit Besserem
als Selbstzweifeln verbringen.
Ich will nicht mehr Heimweh nach mir haben.
Ich will einfach wieder ich sein.
Und ich hoffe,
dass mir das eines Tages gelingen wird.

Lea - Heimweh nach mir

VERGANGENHEIT, *Gegenwart, Zukunft*

Wie kann es möglich sein, dass heutzutage
Eltern für die Bilder ihrer Kinder
ins Gefängnis gehen?
Dass junge Menschen zu Tausenden
ihr Leben lassen,
im Kampf für Freiheit
und grundlegende Menschenrechte?
Dass Familien auseinandergerissen werden
durch Bomben und Krieg?
Wie kann es sein,
dass Eroberungskriege geführt werden,
als hätten wir nichts aus der Vergangenheit gelernt?

Ist nicht schon genug Blut vergossen worden?
Wann wird es endlich genug sein?
Wann werden wir endlich erkennen,
dass es genug Wohlstand für alle gibt?
Wann werden Einzelne aufhören,
die Massen zu unterdrücken?
Wann werden wir endlich alle
überall auf der Welt in Frieden leben können?

Ist es naiv, darauf zu hoffen?
Ja, vielleicht.
Vielleicht bin ich naiv.
Aber lieber bin ich naiv,
als die Hoffnung aufzugeben.
Die Hoffnung darauf,
dass wir uns ändern können.
Dass wir aus der Vergangenheit und Gegenwart lernen.
Dass die Nachrichten nicht mehr ständig voll sind
von schrecklichen Dingen,
die Menschen einander antun.
Ich will weiter hoffen,
egal, wie gering diese Chance auch ist.

Ich wünsche es mir so sehr,
dass alle Menschen in Freiheit leben dürfen.
Dass die sinnlosen Kriege enden,
von denen niemand wirklich profitiert.
Dass das Töten aufhört,
das doch nur noch mehr Leid verursacht.
Zukunft bedeutet Fortschritt.
Und ich wünsche mir diesen Fortschritt
für alle Menschen auf der Welt.
Für die jungen Leute im Iran,
die für Freiheit kämpfen.
Für die Menschen in der Ukraine,
die doch nur in Frieden leben wollen.

Für die, die in Russland die Wahrheit sagen
und dafür verfolgt werden.
Für die Frauen,
die über ihren eigenen Körper bestimmen wollen.
Für alle,
die sich ein besseres Leben erhoffen,
fern von Armut und Hunger.
Für alle, die wie ich davon träumen,
dass wir eines Tages nicht mehr davon träumen müssen,
weil es Realität geworden ist.

Shervin Hajipour – Baraye

NARBEN

Narben sind die Landkarte deines Lebens.
Sie zeigen dir, wo du warst,
was du erlebt hast,
was dich verletzt und geprägt hat.

Narben sind ein Zeichen der Stärke.
Die Haut war verletzt,
ist aber wieder zusammengewachsen.
Du hast überlebt.

Narben sind niemals ein Zeichen der Schwäche,
selbst wenn du dich für die Art und Weise schämst,
wie du sie erhalten hast.
Du bist noch da.
Das ist ein Sieg.

Narben sind nicht bloß äußerlich.
Manche Narben betreffen die Seele.
Sie sind unsichtbar,
aber trotzdem da.

Nur weil man die Narben der Seele nicht sehen kann,
bedeutet das nicht,

dass sie keine Geschichten erzählen.
Dass du deswegen weniger stark bist.

Manche Narben heilen nie richtig ab.
Sie bilden Schorf,
bevor sie wieder aufgekratzt werden.
Eine ständige Mahnung an das,
was uns verletzt hat.
Aber selbst diese Narben sind ein Beweis dafür,
dass du überlebt hast.

Trag deine Narben mit Stolz.
Sie sind die Landkarte deines Lebens,
ein Beweis deiner Stärke,
deiner Widerstandsfähigkeit.
Schäm dich nicht für sie
oder ihre Geschichte.
Feiere dein Überleben.

Stefanie Heinzmann - Ungeschminkt

Splitter

Und wieder einmal sitze ich hier,
verstecke meine Tränen
und sammle die vielen Stücke
meines zerbrochenen Herzens wieder ein.

Ich verbringe Stunden damit,
sie wieder zusammenzukleben
und mir zu versprechen,
dass es nicht noch einmal passieren wird.

Dass mir das Herz
nicht erneut gebrochen werden wird,
dass es das letzte Mal gewesen ist,
dass ich es kleben musste.
Dass der Klebstoff dieses Mal halten wird.

Ich verspreche mir,
dass ich nicht wieder so schnell
oder so tief vertrauen werde.
Dass ich aus meinen Fehlern
und den vielen Fehlschlägen gelernt habe.
Dass ich Abstand und emotionale Distanz halten werde.

Ich mache mir selbst Dutzende dieser Versprechen,
Hunderte,
Tausende,
und weiß doch, dass ich sie brechen werde.

Dass ich schon bald wieder hier sitzen werde,
meine Tränen runterschlucke
und versuche, alle Teile zu finden,
um mein Herz ein weiteres Mal zu kleben
und ein weiteres
und ein weiteres.

Bis die Teile irgendwann zu klein zersplittert sind,
um sie noch kleben zu können.
Wird es mir dann besser gehen?
Ohne ein Herz, das brechen kann?
Oder wird der Schmerz dann bloß einfach
durch bodenlose Leere ersetzt werden?

Und was ist schlimmer,
Schmerz oder Leere?
Ganz ehrlich, ich weiß es nicht.
Und da ist auch dieser kleine Teil von mir,
der sich nach wie vor fest an die Hoffnung klammert,
dass ich es nie herausfinden werde.

Wer wird wohl recht behalten?
Der hoffnungsvolle,
naive Teil von mir,
oder der zynische,
zu oft verletzte Teil?

Nelly Furtado – Try

MENSCHEN *und Monster*

Ich weiß nicht, wann ich angefangen habe,
immer mehr Orte zu verlieren.
Wann ihre Stimmen lauter wurden
als das, was ich will.

Ich kaufe mir morgens beim Bäcker
kein belegtes Brötchen mehr.
»Schau mal, klar, dass die F**** Salami frisst.«
Ich nehme mir auch nicht mal eben schnell
irgendwo etwas zum Abendessen mit.
»Die übernachtet bestimmt hier,
so wie die aussieht.«
Ich esse allgemein nicht mehr in der Öffentlichkeit.
»Hört die jemals auf zu fressen?«
Oder bitte andere, die Tür aufzumachen,
wenn ich mir was liefern lasse,
weil ich Angst vor den Kommentaren,
Blicken
und Reaktionen habe.

Habe ich zu viel bestellt?
Weiß der Lieferant, was ich bestellt habe?
Bestätige ich damit wieder einmal ein Klischee?

Mein Gedankenkarussell steht nicht mehr still,
bis ich mich kaum noch einkaufen traue,
aus Angst,
für die Dinge in meinem Einkaufswagen
angefeindet zu werden.

Ich gehe nicht mehr in Schuhgeschäfte.
»Boah, wäre ich so f*** wie die,
würde ich mich um*****.«
Oder in Klamottenläden.
»Wir führen keine Zirkuszelte,
unsere Kunden fühlen sich
von Ihrer Anwesenheit belästigt.«

Ich frage nicht mehr in Zügen oder Bussen,
ob ein Platz neben einem anderen Fahrgast noch frei ist.
»Die zerquetscht mich gleich, Alter!«
Aber auch wenn ich stehe, ist es falsch.
»So was wie die sollten die gar nicht mitnehmen,
die blockiert den ganzen Gang.«

Ich gehe Situationen aus dem Weg,
in denen ich angestarrt
oder angefeindet werden könnte.
Weil es einfach schon zu oft passiert ist
und mir an manchen Tagen die Kraft dafür fehlt.

An manchen Tagen traue ich mich
überhaupt nicht mehr vor die Tür.
Ich war seit Jahrzehnten nicht mehr im Schwimmbad.
»Schau dir die F***rollen an! Ekelhaft!«
Ich kaufe mir kein Eis in der Eisdiele.
»Ist bestimmt ihr fünfzigstes heute.«
Wenn ich Sport mache,
dann da, wo mich niemand dabei sehen kann.
»Iiiih, wie das alles wabbelt!
Da hilft auch kein Sport mehr F****!«
Und Dating habe ich mir schon vor Jahren abgewöhnt.
»Auf deinem Profilfoto sahst du normaler aus,
du weißt schon, nicht ganz so f***.«

Ja, meine Figur entspricht nicht der Norm,
aber welches Recht gibt das anderen,
sich über mich lustig zu machen?
Mich zu beleidigen
und zu beschimpfen?
Warum müssen sie so extrem übertreiben
und mir ein noch schlechteres Gefühl geben?
Warum darf ich nicht einfach sein, wie ich bin?

»Und so was liegt am Ende dem Staat auf der Tasche,
was die die Krankenkasse kostet!«
»Nimm ab, bevor du platzt!«
»Ich hab gehört, F**** lassen jeden ran,
weil sie verzweifelt sind.«

»Die frisst bestimmt jeden Tag bei McD.«
»Wetten, die gammelt den ganzen Tag,
statt zu arbeiten?«
»Da vergeht einem ja die Lust zu f*****, Alter! «
»Gott sei Dank bin ich nicht so f***.«

Was bringt euch das,
solche Sprüche rauszuhauen?
Denkt ihr,
bloß, weil ich nicht so aussehe wie ihr,
habe ich keine Gefühle,
die ihr verletzen könnt?
Glaubt ihr,
ich stecke das alles einfach so weg?
Ihr habt keine Ahnung,
was ihr damit anrichten könnt.
Und warum?
Um euch vor anderen zu profilieren?
Seit wann befindet ihr euch
in einem Wettkampf der Grausamkeit?

Ja, ich sehe nicht so aus wie ihr,
aber ich bin trotzdem ein Mensch.
Ihr wisst nichts über mich,
außer die Form meines Körpers.
Ihr kennt mich nicht.
Ihr wisst nichts über mein Leben.

Also überlegt euch,
wie ich euch wahrnehmen soll,
als Mensch
oder als grausames Monster.

Billie Eilish – What Was I Made For

UNSTERBLICH

Hast du dich schon einmal gefragt,
was für ein Ort die Welt ohne dich wäre?
Wäre sie ein besserer Ort,
weil du nicht mehr da bist,
oder würde etwas fehlen?
Würde man dich vermissen,
oder wärst du innerhalb kürzester Zeit vergessen?

Wir Menschen haben alle das Bedürfnis,
uns durch unsere Taten unsterblich zu machen.
So viele von uns haben panische Angst davor,
vergessen zu werden.
Aber wenn man mal logisch darüber nachdenkt,
gibt es in unserem Leben nun einmal
eine begrenzte Anzahl von Menschen,
deren Leben wir mit unserem beeinflussen,
ob nun zum Guten oder zum Schlechten.
Diese Menschen werden sich an uns erinnern,
selbst wenn es nur flüchtige Erinnerungen sind.

Wie sollten wir auch alle für immer erinnert werden?
Das ist überhaupt nicht möglich.
Es sind zu viele von uns.
Und wenn wir ganz ehrlich sind,
erinnern wir uns doch meist eher an die Menschen,

die schlimme Dinge getan haben,
als an die, die versucht haben,
die Welt zu einem besseren Ort zu machen.

Ich weiß nicht, warum das so ist.
Vielleicht sind wir Menschen einfach seltsam
in dieser Beziehung.
Genauso wie in vielen anderen.
Und ich bin ehrlich,
auch ich wünsche mir,
der Welt etwas zu hinterlassen.
Ich wünsche mir, dass meine Worte,
diese Zeilen,
nicht zusammen mit mir vergessen werden.
Aber lieber werde ich vergessen,
als dass ich nur deshalb in Erinnerung bleibe,
weil ich die Welt
zu einem schlechteren Ort gemacht habe.

Vielleicht wird jemand in 100 Jahren
eines meiner Bücher in den Händen halten
und sich fragen, wer ich wohl gewesen bin,
was mich zu meinen Gedichten inspiriert hat.
Und wenn ich wirklich Glück habe,
wird sich derjenige in meinen Zeilen wiederfinden
und erkennen,
dass er nicht allein ist mit diesen Gefühlen,
egal in welchem Jahrhundert.

Wir alle wünschen uns, etwas Besonderes zu sein.
Was wir dabei aber vergessen, ist,
dass wir nicht für hunderte,
tausende, oder eine Million Menschen
besonders sein müssen,
es reicht schon
für eine Person etwas Besonderes gewesen zu sein.

Wofür würdest du lieber in Erinnerung bleiben,
dafür, deiner Nachbarin immer wieder
mit den Einkäufen geholfen zu haben,
oder dafür, irgendetwas Schreckliches getan zu haben?
Würdest du lieber einem Menschen
in guter Erinnerung bleiben
oder von hunderten erinnert werden
als ein Monster?

Ich möchte die Welt
zu einem besseren Ort gemacht haben.
Und du?

Beyoncé – I Was Here

FRÜHER *und jetzt*

Warum muss es mit uns immer so schwer sein?
Warum muss es immer in Streit ausarten?
Warum geht es dir immer nur darum,
etwas zu finden,
das du an mir kritisieren kannst?
Warum kannst du mich nicht einfach so sein lassen,
wie ich bin?

Was ist so falsch an mir,
dass du mich nicht so lieben kannst,
wie ich eben bin?
Was habe ich falsch gemacht,
dass du mich nicht respektieren kannst?
Was ist los mit uns,
dass es nicht einfach wieder so sein kann
wie früher?
Erinnerst du dich noch daran,
wie es früher war?

Ich habe dich so sehr geliebt.
Ich habe dich vergöttert.
Du warst mein großer Held.

Unbesiegbar,
stark,
immer stolz auf mich.

Ich weiß noch,
wie du mir abends vorgelesen hast,
mit verstellten Stimmen, wie es sonst keiner tat.
Ich weiß noch,
wie du mir Geschichten erzähltest,
die du dir selbst ausgedacht hast.
Das war die schönste Zeit für mich.

Ich weiß noch,
wie wir zusammen in Freizeitparks gegangen sind
und du für mich Stofftiere gewonnen hast,
weil ich sie mir so sehr gewünscht habe.
Ich weiß noch,
wie wir uns Filme angesehen haben
und wie sehr du es geliebt hast,
sie mit mir ein zweites Mal zum ersten Mal anzusehen.
Ich erinnere mich an all diese Dinge
und das macht es umso schwerer.

Was ist mit uns passiert,
dass ich jetzt absolut gar nichts
mehr richtig machen kann?

Was habe ich verbrochen,
dass wir kein einziges normales Gespräch
mehr führen können,
ohne zu streiten?
Wann ist die Liste meiner Fehler
in deinen Augen so lang geworden,
dass sie Liebe und Respekt verschwinden ließ?

Ich vermisse dich,
wie du früher warst.
Ich vermisse,
wie ich mich bei dir gefühlt habe.
Ich vermisse mich,
wie ich war,
bevor ich meine Mauern hochziehen musste,
jedes Mal, wenn du den Mund aufmachst,
in der Hoffnung,
dass deine Worte an ihnen abprallen werden,
anstatt tiefe Wunden in mein Herz zu schlagen.
Ich vermisse früher.

Und weißt du, was am schlimmsten ist?
Dass ich manchmal gar nicht mehr weiß,
ob es wirklich einmal so zwischen uns war,
oder ob ich mir das alles zusammengesponnen habe,
auf der verzweifelten Suche nach etwas Liebe von dir.

Demi Lovato – Catch Me

INVENTUR

Was tust du, wenn aus einem Traum
ein Albtraum wird?
Wenn der Druck zu groß wird
und die Erwartungen überhandnehmen?
Wenn du das Gefühl hast zu schwimmen,
ohne Rettungsring und Land in Sicht?

Wirfst du hin und suchst dir einen neuen Traum?
Versuchst du dich an einem neuen Weg,
einem neuen Ziel?
Oder beißt du dich durch,
auch wenn du immer mehr das Gefühl hast,
auf verlorenem Posten zu stehen?

Was denkst du, ist besser,
die Reißleine ziehen oder durchbeißen?
Das Schlimme ist ja,
dass beides das Richtige sein kann.

Kann der Albtraum wieder dein Traum werden?
Ist es vielleicht nur eine schlechte Phase,
und wenn die vorbei ist,
ist alles wieder wunderbar?

Oder hast du dich in deinen Traum verrannt
und nicht gesehen,
wie er wirklich ist?
Hast du ihn vielleicht idealisiert
und die Wirklichkeit sah schon immer anders aus?

Es ist schwer,
sich darüber Gedanken zu machen.
Schon allein darüber nachzudenken,
fühlt sich wie versagen an.
Aber ist es das auch?
Ist es Versagen, wenn man erkennt,
dass der eingeschlagene Weg
nicht der richtige für einen ist?
Oder ist es nicht viel eher ein Zeichen von Größe
zu erkennen,
dass es so nicht weitergehen kann?

Unsere eigenen Erwartungen an uns selbst
sind oft das Schlimmste,
was wir uns antun können.
Wir setzen uns unter Druck,
folgen einem Idealbild,
das wir irgendwo herhaben
und dass vielleicht in der Realität
überhaupt nicht existiert.

Wem eiferst du nach?
Willst du, dass dein Leben so ist
wie das einer anderen Person?
Oder folgst du den Zielen,
die du dir vor Jahren schon gesetzt hast?
Ziele zu haben ist gut.
Vorbilder zu haben ist gut.
Wünsche und Träume zu haben ist gut.
Aber was nicht gut ist,
ist, sie als etwas Starres zu sehen.
Als etwas, das sich nicht anpassen kann,
an die Realität deines Lebens.

Was sich einst gut anfühlte,
kann sich heute falsch anfühlen.
Und was sich heute gut anfühlt,
kann sich in ein paar Jahren absolut falsch anfühlen.
So ist das Leben.
Es ist nichts Starres.
Es ist dynamisch,
lebendig.
Es entwickelt sich,
so wie auch wir uns weiterentwickeln.
Warum sollen sich deine Träume
also nicht auch verändern?

Vielleicht ist jetzt genau der richtige Zeitpunkt,
um mal Inventur zu machen
und in dich hineinzuhören,
ob das, was du tust, noch das Richtige für dich ist.
Ob der Weg, dem du folgst,
noch der ist, der dich ans Ziel bringt.
Ob die Ziele und Wünsche,
die du verfolgst,
noch deine Ziele und Wünsche sind,
oder ob du dir nicht in Wirklichkeit
schon längst andere Dinge wünschst.

JP Saxe - If the World Was Ending (feat. Julia Michaels)

So wie *du bist*

Das Dorfleben kann wundervoll sein,
wenn jeder jeden kennt
und jeder jedem hilft.
Wenn man sich unterstützt,
einander unter die Arme greift
und das Wort ›Dorfgemeinschaft‹
nicht einfach bloß ein Wort ist,
sondern gelebte Wirklichkeit.

Das Dorfleben kann aber auch Schattenseiten haben.
Schattenseiten, die nicht jeder zu spüren bekommt.
Du gehörst dazu, solange du nicht aus der Reihe tanzt,
solange du dich an all ihre Regeln hältst
und nicht unangenehm auffällst,
weil deine Meinung nicht zu ihrer passt,
oder dein Leben nicht ihren Vorstellungen entspricht.

Deine Nachbarn starren dich an,
weil du eine Frau küsst und keinen Mann,
Weil dein Kind zwei Mamas
oder zwei Papas hat.
Warum stören dich ihre Blicke?

Warum ist es dir unangenehm,
von ihnen angestarrt zu werden?
Warum gehst du automatisch davon aus,
dass sie das Recht haben,
dir ein unangenehmes Gefühl zu geben,
bloß weil sie viele sind und du nicht?

Es kann ihnen doch egal sein,
wen du küsst oder liebst.
Das ändert nichts daran, wer du bist.
Du bist immer noch du,
ganz egal, wer dein Herz höherschlagen lässt.

Du bist immer noch dieselbe Person,
ganz egal, ob du einen Mann liebst oder eine Frau,
oder beide.
Es macht dich nicht zu einem anderen Menschen.
Es macht dich nicht schlecht oder verdorben.
Aber es kann ihren Blick auf dich verändern
und das ist allein ihr Problem.

Wenn sie sich daran stören, wen du liebst,
dann sagt das mehr über sie aus als über dich.
Ich weiß, das macht es nicht unbedingt leichter,
die Blicke zu ertragen,
aber du musst eine Sache verstehen:
Sie sind es, die im Unrecht sind,
nicht du.

Wenn sie dich anstarren, weil du jemanden küsst,
den du ihrer Meinung nach nicht küssen solltest,
dann ist das ihr Problem.
Ihre Engstirnigkeit.
Ihre mangelnde Toleranz.
Es bedeutet nicht,
dass du diese Person
nur noch in deiner Wohnung küssen darfst.
Es bedeutet nicht,
dass du dich verstecken musst.

Du bist gut, so wie du bist.
Du bist richtig, so wie du bist.
Ganz egal, was die anderen denken.
Wenn sie ein Problem damit haben,
ist das ihre Sache,
das hat nichts mit dir zu tun.
Lass sie starren.
Liebe und lebe frei.
Lass dir nicht von anderen vorschreiben,
wie du zu sein hast.
Du bist genau richtig, so wie du bist.

Wrabel – The Village

BLITZableiter

Seien wir ehrlich:
Es ist beschissen,
ein menschlicher Blitzableiter zu sein.
Die Wut anderer abzubekommen,
ohne dafür verantwortlich zu sein.
Immer derjenige sein zu müssen,
der das Verhalten der anderen erklären soll,
ohne zu wissen,
warum der so gehandelt hat.

Ist es meine Schuld?
Schreit irgendetwas an mir:
›Motz mich an?‹
Es ist frustrierend,
immer für Dinge verantwortlich gemacht zu werden,
für die man nichts kann.
Es ist frustrierend und es tut weh.

Kein Tag vergeht
ohne ungerechtfertigte Anschuldigungen.
Kein Tag vergeht,
ohne sich wegen Dingen schuldig
und dumm zu fühlen,

für die man gar nichts kann.
Ich hasse es, ein menschlicher Blitzableiter zu sein.
Ich hasse es aus tiefstem Herzen.
Aber das scheint niemanden zu interessieren.
Es hagelt weiter Einschläge
und es tut weiter weh.

NIKI – Oceans & Engines

VORBILDER *und du*

Es ist gesund und wichtig, Vorbilder zu haben.
Sich Menschen zum Vorbild zu nehmen,
die Dinge bereits erreicht haben,
die wir noch erreichen wollen.
Die das Leben leben,
das wir eines Tages leben wollen.

Doch es ist genauso wichtig,
eine gesunde Distanz zu ihnen an den Tag zu legen.
Es ist schmeichelhaft,
wenn du dir mich zum Vorbild nimmst,
aber nur, weil etwas für mich der richtige Weg war,
bedeutet das noch lange nicht,
dass es auch der richtige Weg für dich sein wird.

Jeder Mensch ist anders.
Und unsere Wege zum Erfolg
sind genauso unterschiedlich.
Dem einen fallen Dinge in den Schoß,
der andere muss sie sich erarbeiten.
Der eine kneift einfach die Augen zu
und springt in eine ungewisse Zukunft,
der Nächste muss alles vorher genau planen.

Wir alle unterscheiden uns voneinander
und das ist gut so.

Es ist gut und ganz normal,
dass du dir Vorbilder suchst.
Es ist schmeichelhaft,
wenn ich eines davon sein darf.
Aber das bedeutet nicht,
dass du alles ganz genauso machen musst wie ich.
Mein Weg muss keine
in Stein gemeißelte Vorgabe für dich sein,
kein Weg,
von dem du niemals abweichen darfst.

Ich bin so manchen Umweg gegangen in meinem Leben.
Und oft genug hat sich ein eigentlicher Umweg
letztlich als der richtige Weg erwiesen.
Hätte ich in meinem Leben nicht Dinge ausprobiert,
wäre ich nicht auch manchmal gescheitert,
wäre ich heute nicht, wer ich bin,
und ich wäre auch nicht
an diesem Punkt in meinem Leben.

Es heißt nicht umsonst:
»Versuch macht klug.«
Das bedeutet nicht,
dass du beim ersten Anzeichen

von Gegenwind alles zurücklassen
und neu anfangen sollst,
aber es bedeutet auch nicht das Gegenteil.

Du musst für dich selbst herausfinden,
wer du bist,
was du von deinem Leben erwartest
und wo du hinwillst.
Und manchmal geht das nur,
indem du Dinge ausprobierst.
Jobs, Studiengänge, Hobbys,
probier sie aus, schnupper hinein,
vielleicht liegen sie dir,
vielleicht aber auch nicht.
Aber wenn du es nie versuchst,
kannst du es nicht wissen.

Vorbilder motivieren uns.
Sie zeigen uns, dass Dinge,
die wir uns wünschen,
die wir erträumen,
erreichbar sind.
Dass sie keine Träume bleiben müssen,
sondern Wirklichkeit werden können.
Aber du musst bei allem Bewundern und Nacheifern
immer noch du selbst bleiben.
Du kannst dich nicht in die Kopie
eines anderen verwandeln,

und ich denke, tief in dir drin, weißt du auch,
dass du das eigentlich gar nicht sein willst.
Also ja: Such dir Vorbilder,
eifere ihnen nach,
aber bleib dabei du selbst.
Sei mutig, probier dich aus,
aber nicht ohne Sinn und Verstand.
Und ich hoffe, dass du am Ende finden wirst,
wonach du suchst.

Stereophonics – Bright Red Star

TRÄUME *und Unendlichkeit*

Wolltest du schon einmal einen Moment einfrieren?
Ihn für immer konservieren,
damit er nie vergeht?
Ihn irgendwie unsterblich machen,
damit du ihn immer
und immer
und immer wieder erleben kannst?
Und was, wenn dieser Moment ein Traum ist?

Ich weiß, dass ich träume.
Ich weiß, dass nichts hiervon real ist.
Und trotzdem will ich nicht aufwachen.
Ich will nie, nie wieder aufwachen.
Ich will hierbleiben
und für den Rest meines Lebens
in diesem Traum leben.
Weil du hier bist.

Hier kann ich in deinen Armen liegen,
deine Wärme spüren
und die Wärme, die du in mir auslöst,
die so durchdringend und allumfassend ist,
dass ich sie bis in meine Knochen spüren kann.

So warm ist mir nur bei dir.
Es ist eine gute Wärme,
eine, die einen nicht irgendwann schwitzen lässt,
sondern die einen dazu bringt,
sich zusammenzurollen,
zu entspannen
und die Welt einfach Welt sein zu lassen.

Lass mich nicht aufwachen.
Lass mich nicht jetzt schon aufwachen.
Gönn mir noch eine Weile in diesem Traum.
Bei dir.
Ich will nicht aufwachen,
ich will für immer weiter träumen.

Ich weiß, dass ich irgendwann aufwachen muss.
Ich weiß, dass ich meinen Traum
nicht für immer festhalten kann.
Aber ich wünsche es mir so sehr.
Ich wünsche mir nichts mehr als das.
Du bist mein Traum.
Du bist es, der mir das Gefühl gibt,
zu Hause zu sein,
sicher,
warm,
geborgen.
Selbst wenn es nur im Traum so ist.

Wie kann es sein, dass unser Gehirn
uns solche Dinge träumen lässt?
Und solche Gefühle schenkt,
die doch nur eine Illusion sind?
Du existierst nur in meinem Traum
und sobald ich aufwache, bist du fort
und ich wieder allein.
Aufwachen tat noch nie so weh.
Also warum macht unser Gehirn das mit uns?
Schenkt uns erst etwas so Wunderbares,
nur um es uns dann wieder zu entreißen?

Und ich weiß genau, wie das enden wird.
Irgendwann muss ich aufwachen,
du wirst fort sein und ich mich einsam fühlen.
Ich werde weitermachen,
so wie ich es immer tue,
und jede Nacht
mit der Hoffnung im Herzen ins Bett gehen,
dass ich dich in meinem nächsten Traum wiedersehe,
aber dabei wird immer die Angst im Hinterkopf bleiben,
dass es nicht so sein könnte,
dass ich dich vielleicht nie mehr wiedersehen werde.

Also nein, ich will nicht aufwachen.
Und ich hoffe einfach,
dass mir noch etwas mehr Zeit
mit dir vergönnt sein wird.

Nur noch ein kleines bisschen mehr.
Mein eigenes kleines Stück Unendlichkeit.

Jetta – Feels Like Coming Home

SCHMERZ *und der Ozean*

Manchmal weiß ich selbst nicht,
warum da so viel Schmerz in mir ist.
Warum ich in diesen schwarzen Wellen
zu versinken drohe,
die mir der dunkle Ozean der Traurigkeit entgegenwirft.

In einem Moment ist noch alles gut –
so gut, wie es eben sein kann –
und dann stehe ich auf einmal an der Wasserlinie,
der Sand umschließt meine Füße
und ich warte nur darauf, dass die nächste Welle
kommt,
meine Beine packt
und mich hinauszieht in diese dunkle Unendlichkeit.

Mein Leben ist nicht perfekt,
aber wessen Leben ist das schon?
Es gibt immer etwas,
das uns stört
oder uns Kummer macht.
Aber bei mir ist es so oft mehr als bloß Kummer.
Da ist dieser unerschöpfliche Vorrat an Schmerz,
an Erinnerungen

und Worten,
die nur darauf warten,
an die Oberfläche zu kommen
und mich in die Tiefe zu ziehen.

Warum kann ich nicht einer
dieser ständig lächelnden Glücklich-Menschen sein?
Warum bin ich so, wie ich bin?
Nachdenklich,
traurig,
bedrückt
und immer und immer wieder
versunken im Schmerz?

Warum lässt er mich nicht los?
Selbst dann, wenn ich gerade nicht verzweifelt strample,
um mich über Wasser zu halten.
Warum spüre ich ihn immer noch lauern
wie ein Raubtier,
das auf ein Zeichen der Schwäche wartet?

Jeder von uns trägt Dinge mit sich herum,
die er oder sie nicht vergessen kann.
Dinge, die zu tief verletzt haben,
um je ganz zu verheilen.
Aber manche von uns
sind besser im Verdrängen als andere.

Ich dachte immer, ich wäre gut darin,
aber das bin ich in Wirklichkeit gar nicht.
Wäre ich es,
würde ich nicht immer wieder in den Wellen versinken.
Ich würde mich nicht so oft
an der Wasserlinie wiederfinden.
Ich wäre nicht immer
nur einen Auslöser davon entfernt.

Ich weiß, dass es viele Menschen gibt,
die viel mehr durchgemacht haben als ich.
Ich weiß, dass es Menschen gibt,
denen Schreckliches widerfahren ist.
Aber das heißt nicht,
dass ich nicht fühlen darf, was ich fühle.
Es bedeutet nicht,
dass mein Schmerz weniger wert ist.
Weniger tief geht.
Weniger vernichtend ist.

Ich weiß nicht,
warum ich so bin, wie ich bin.
Ich weiß nicht,
warum ich mit diesen Themen,
Erinnerungen,
Gedanken
und Gefühlen
nicht einfach abschließen kann.

Warum sie immer wieder aufflammen,
warum dieser dunkle Ozean immer wieder
und wieder
nach mir greift.
Aber ich weiß, dass ich nicht die Einzige bin,
die versucht, den Kopf über Wasser zu halten.
Es gibt so viele von uns.
Und vielleicht ist das der einzige Trost darin,
dass ich nicht die Einzige bin,
deren Beine verzweifelt Wasser treten.
Dass ich nicht die Einzige bin,
deren Schmerz sie immer wieder einholt
und zu verzehren droht.

Wolf Larsen – If I Be Wrong

Wie *du*

Du liebst es,
mir das Gefühl zu geben,
eine Enttäuschung
und dumm zu sein;
während es nicht zu zählen scheint,
wie häufig du mich enttäuschst.

Du erklärst mir gern ganz genau,
was ich falsch gemacht habe
und wie ich es besser machen kann,
egal bei welchem Thema.
Kochen,
mein Job,
der Umgang mit meinen Kunden,
Finanzen.

Selbst Dinge,
die ich dir erklären soll,
weißt du besser;
du wusstest es nur nicht mehr,
weil ich so schlecht im Erklären bin,
oder es absichtlich kompliziert gemacht habe.

Du findest immer eine Ausrede
und immer einen Grund,
warum ich schuld bin –
egal um welches Thema es geht.

Es gibt dir ein gutes Gefühl,
mich kleinzumachen.
Mir einzureden,
ich sei das Problem.
Dass meine vielen Fehler
der Grund für unser schwieriges Verhältnis sind.

Du hättest an meiner Stelle
ja so vieles so anders gemacht.
Das wirst du nie müde,
mir unter die Nase zu reiben.
Denn wir wissen ja beide,
dass ich eine Tendenz dazu habe,
immer alles falsch zu machen.
Zumindest in deinen Augen.

Wärst du an meiner Stelle gewesen,
hättest du deine Meinung gesagt
oder mal auf den Tisch gehauen.
Du wärst einfach gegangen
oder hättest den Job gekündigt.

Aber ist dir schon einmal aufgefallen,
dass du es dennoch nie tust?

Du sagst mir,
wie du Dinge gemacht hättest,
wie sie richtig hätten gemacht werden müssen,
aber ich bin die,
die sich drum kümmern soll.
Immer.
Ich bin die, die alles fristgerecht erledigen soll.
Die Anrufe erledigen muss
und Termine vereinbaren soll.
Ich bin die, die alles managen soll.
Weil du ja zu beschäftigt bist mit Nichtstun.

Und trotzdem wirst du nie müde,
mir alles vorzuhalten,
was ich deiner Meinung nach falsch gemacht habe.
Und die Liste ist lang.
Das ist sie immer.
Es gibt kaum etwas,
was ich richtig machen kann,
wenn es nach dir geht.
Trotzdem bin ich die,
die du alles erledigen lässt.
Also kann ich so unfähig ja auch nicht sein,
oder?

Aber es ist egal,
wie oft ich dich darauf hinweise.
Meine Meinung zählt ja sowieso nicht.
Ich habe das bestimmt mal wieder falsch verstanden.
Oder bin dramatisch.
Oder hysterisch.
Das übersteigt wohl alles meinen Horizont.

Aber hey,
wenigstens bin ich nicht wie du,
das ist doch immerhin etwas.
Ich ziehe keine Befriedigung daraus,
andere zu verletzen.
Ihnen das Gefühl zu geben, eine Enttäuschung
und klein
und dumm
und wertlos zu sein.
Ich bin vielleicht nicht perfekt
und vielleicht mache ich auch regelmäßig Fehler,
aber wenigstens bin ich nicht wie du.

Lauren Spencer Smith – Narcissist (Piano Version)
Taylor Swift – Nothing New (Taylor's Version)

Zu sehr ich

Deine Augen verdrehen sich
und ich weiß schon, was das bedeutet:
Ich bin dir mal wieder zu viel.
Zu emotional.
Zu sensibel.
Zu nah am Wasser gebaut.
Zu Mädchen.
Zu unlogisch.
Zu hysterisch.
Zu sehr ich.

Es ist schon faszinierend,
wie oft du auf diese Adjektive zurückgreifst,
um mir zu erklären,
warum ich dir gerade mal wieder auf die Nerven gehe.
Aber soll ich dir mal etwas verraten?
Ich bin nicht erst seit gestern so.
Ich war schon immer so, wie ich eben bin.
Aber vor einiger Zeit hat dich das alles nicht gestört.
Da fandest du mich nicht nervig,
sondern süß.
Ich war nicht zu emotional,
sondern leidenschaftlich.

Nicht zu sensibel,
sondern mitfühlend.
Nicht zu nah am Wasser gebaut,
sondern liebenswert.
Nicht zu Mädchen,
sondern einfach ich.
Nicht zu unlogisch,
sondern einfach ich.
Nicht zu hysterisch,
sondern einfach ich.
Nicht zu sehr ich,
sondern einfach ich.
Ich wie ich eben bin.

Ich habe mich so oft gefragt,
wie ich so werden kann,
wie du mich haben willst.
Wie ich so werden kann,
dass du mich wieder so ansiehst wie früher.
Aber weißt du, was ich jetzt erkannt habe?
Nicht ich bin das Problem,
sondern du.

Ich bin nicht zu viel.
Ich bin nicht zu emotional.
Ich bin nicht zu sensibel.
Ich bin nicht zu nah am Wasser gebaut.
Ich bin nicht zu Mädchen.

Ich bin nicht zu unlogisch.
Ich bin nicht zu hysterisch.
Ich bin nicht zu sehr ich, du Arsch.
Ich bin einfach ich,
und das passt dir nicht,
weil ich nicht so bin,
wie du mich haben willst,
oder wie du bist.

Ich bin zu sehr ich und zu wenig du.
Aber anstatt, dass dich das neugierig macht,
oder fasziniert,
oder unserer Beziehung Würze verleiht,
wirfst du es mir vor.
Hasst mich sogar am Ende dafür.
Warum ist das so?
Warum ist es in deinen Augen so falsch,
wenn ich ich bin?
Und warum soll es so viel besser sein,
wenn ich mehr bin wie du?

Ich bin ich.
Und ich bleibe ich.
Ich bin lieber ich, ohne dich,
als deine Version von mir,
an deiner Seite.
Ich bin lieber ich als du.

Ich bin ich
und ich bin eben einfach, wie ich bin.
Vielleicht finde ich irgendwann jemanden,
der mich mag, so wie ich bin,
und der nicht ganz plötzlich,
praktisch über Nacht seine Meinung ändert,
und dem ich auf einmal zu viel bin,
zu sehr ich.

Und heute weiß ich:
Dieser Jemand bist nicht du.
Und das ist für mich okay.
Sei du, so viel du willst,
und ich bleibe ich.

Wrabel – The Village

Handlettering auf der nächsten Seite von Carolin Magunia

Ich bin zu sehr ich und zu wenig du.

Self*publishing*

Manchmal frage ich mich,
warum ich mir das eigentlich jedes Mal noch antue.
So viele Monate schreibe ich an einem Gedichtband,
investiere ins Cover,
in Schriften,
Illustrationen,
mache den Buchsatz
und wofür?

Für diesen Moment,
wenn man das eigene Buch in die Welt hinausschickt.
Man wartet gespannt auf die Reaktionen,
gefällt es den Leuten?
Aber was, wenn alle die Optik loben,
es aber keiner kauft?

Selfpublishing fühlt sich oft an
wie ein Kampf gegen die Unsichtbarkeit.
Und wenn man mal gesehen wird,
bekommt man vielleicht mal ein Lob für ein Cover
oder den Buchsatz,
aber Geld ausgeben wollen die meisten
für dein Buch dann doch nicht.

»Im Moment passt es nicht so gut.«
»Vielleicht später mal.«
»Weißt du, für den Preis bekomme ich auch
einen 400+-Seiten-Roman bei Verlag XY.«
Es ist frustrierend.
Und manchmal muss ich aufpassen,
dass mich dieser Frust
nicht wieder in eine dunkle Phase katapultiert.

Ich weiß, die Zeiten sind schlecht.
Aber gratis will jeder mein Buch,
nur kaufen würde es sich keiner von ihnen.
Heißt das, meine Arbeit,
meine Zeit und meine Mühe sind nichts wert?
Was sagt das über mein Buch aus,
wenn niemand ein paar Euros dafür ausgeben will?

Die Antwort lautet:
Nichts.

Selfpublishing ist einfach ein hartes Pflaster
und Sichtbarkeit eine Sache für sich.
Man geht so leicht unter in der Masse.
Das bedeutet aber nicht, dass dein Buch nichts taugt,
oder dass du es verdient hättest, übersehen zu werden.
Und sosehr ich manchmal auch verzweifeln will,
ich höre nicht auf.
Ich schreibe weiter.

Ich veröffentliche weiter.
Ich gebe nicht auf.
Das schulde ich meinen Worten,
meinen Gedichten,
meinen treuen Leser/innen
und mir selbst.
Vor allem mir selbst.

Billie Eilish – What Was I Made For

Spielzeug

Ich weiß nicht, was ich an mir habe,
das dich glauben lässt,
du könntest mich wie ein Spielzeug behandeln,
das du einfach beiseitelegst,
wenn du die Lust verlierst,
damit zu spielen.

Warum glaubst du, dass ich,
wenn du mich in die Ecke wirfst,
und mit Füßen trittst,
am Ende immer noch da sein werde
und auf dich warte,
wenn dir meine Existenz wieder einfällt,
oder du plötzlich da weitermachen willst,
wo wir aufgehört haben?

Denkst du wirklich,
dass ich mir das ewig gefallen lasse?
Dass ich keinerlei Selbstachtung habe?
Ja, vielleicht habe ich einmal zugelassen,
dass du mich so behandelst,
aber es wird definitiv kein zweites Mal geben.

Ich bin nicht unwichtig.
Auch ich habe Gefühle
und ich werde nicht einfach dabei zusehen,
wie du auf ihnen
und mir herumtrampelst.

Ich bin mehr wert als das.
Ich habe mehr verdient als das.
Und wenn du das nicht sehen kannst,
dann hast du mich einfach nicht verdient.

Ich bin nicht dein Spielzeug.
Und ich werde es auch niemals sein.

Marshmello & Halsey – Be Kind

Zukunft

Es ist faszinierend und erschreckend,
wie ein Moment einfach alles verändern kann.
Wie ein Satz alle Pläne zerstören,
und deinem Leben
eine ganz andere Richtung geben kann.
Wie er alles, was man für sicher und unumstößlich hielt,
mit sich nehmen kann.

Eben noch stand ich mit beiden Beinen im Leben,
die Zukunft war kein Fragezeichen,
sondern in klaren Bildern ausgemalt.
Doch dieser eine Augenblick,
diese vier Wörter aus deinem Mund,
stellen plötzlich alles infrage.

Wie kann es sein,
dass sich eben noch alles sicher angefühlt hat,
und jetzt kommt es mir vor,
als befände ich mich mitten auf dem Ozean,
in der Gewalt mächtiger Strömungen,
die mich mal hier hin und mal dorthin schleudern,
und ich bin nichts anderes als ihr hilfloser Spielball.

Du hast mir den Boden unter den Füßen weggerissen,
ihn in Treibsand verwandelt,
und während ich langsam darin versinke,
streckst du mir nicht die Hand entgegen.
Du rührst nicht einen Finger,
während ich immer tiefer versinke
und mir klar wird,
dass ich dich nicht mehr wiedererkenne.

Wer ist dieser Mann, der da vor mir steht?
Wer ist dieser eiskalte Fremde,
der einfach mal mir nichts, dir nichts
meine ganze Zukunft zu Asche werden lässt?
Wer ist dieser Mensch,
dem ich nicht weniger bedeuten könnte?
Und wie kann es sein, dass er dein Gesicht hat?

Du hast bereits mit mir – mit uns – abgeschlossen,
während ich noch immer dachte,
wir seien glücklich.
Aber allein die Art,
wie du jetzt mit mir umgehst, beweist mir,
dass ich dich nicht kenne, nicht wirklich.
Mir tut es um die Zukunft leid,
die ich mir für uns ausgemalt habe,
aber du,
das weiß ich jetzt,
bist kein großer Verlust.

Also mach schon, geh.
Ich komme irgendwie auch allein zurecht.
Ich baue mir ein neues Leben und neue Ziele auf,
ich errichte sie aus der Asche der Zukunft,
die dir nicht genug war.
Ich befreie mich aus dem Treibsand
und werde beim nächsten Mal vorsichtiger sein,
wenn ich mein Herz verschenke.
Denn, das weiß ich jetzt,
jemand wie du,
hat es einfach nicht verdient.

Lana Del Rey – Happiness Is A Butterfly

UNSERE Welt

Liegt es nur an mir,
oder wird gerade die ganze Welt verrückt?
Krieg hier, Massaker dort.
Krieg dort, Tausende Tote hier.
Zeitreise hier, Hetze dort.
Was ist los mit uns?

Wie kann es sein,
dass manche Tote,
manche Verluste plötzlich weniger wert sind
als andere?
Wie kann es sein,
dass die Welt vor die Hunde geht,
und alles, was uns aufregt,
sind die hohen Energiepreise?

Klar ist das zum Kotzen.
Klar würde ich mir von meinem Geld
lieber anderes kaufen,
als es den großen Konzernen in den Rachen zu werfen.
Aber wenn man das alles in Relation setzt:
Keiner hier muss hungern.
Keiner hier muss im Dunkeln sitzen.

Keiner hier muss frieren.
Aber das reicht uns nicht.
Wir wollen immer nur mehr und mehr und mehr.
Haben wir verlernt, dankbar zu sein?

Wie kann es sein, dass wir die gestiegenen Preise
mit politischer Ignoranz honorieren?
Dass wir lieber eine Zeitreise
in eine schreckliche Vergangenheit machen
und furchtbares Gedankengut aufwärmen,
weil es uns ja so schlecht geht,
hier im Frieden mit Heizung,
Strom
und Essen im Kühlschrank.

Klar, vor all den Konflikten und Kriegen
ging es uns besser,
aber das bedeutet doch nicht,
dass es uns nie wieder besser gehen kann.
Das gibt uns nicht das Recht,
andere wie Dreck zu behandeln
und dem rechten Rand alles nachzuplappern,
bloß weil sie so tun,
als wüssten sie alles
und hätten ganz viele einfache Lösungen.

Ich will am Ende des Tages
noch in den Spiegel blicken können.
Ich will mich nicht für mich selbst schämen müssen.
Ich bin dankbar,
dass ich im Frieden leben darf,
auch wenn es nicht mehr ganz so komfortabel ist
wie früher.
Ich bin dankbar,
auch wenn ich damit in der Minderheit bin.

Ich sitze vor dem Fernseher und sehe dabei zu,
wie eine negative Nachricht die nächste jagt.
Wie die Welt vor die Hunde geht
und es scheinbar keinen interessiert.
Wie gestiegene Preise wichtiger sind
als Hunderte Tote in einem sinnlosen Krieg.
Ich erkenne die Welt nicht mehr wieder.
Ich erkenne die Menschen
um mich herum nicht mehr wieder.
Und alles, was ich will,
ist, den Fernseher auszuschalten
und die Augen zu verschließen.
Aber das hilft nicht dabei,
es besser zu machen.

Solange die sogenannte
›schweigende Mehrheit‹
weiter schweigt,

kann sich nichts ändern.
Also schweige ich nicht länger,
sondern schreibe diese Zeilen,
lebe meine Art von Protest.
Und hoffe, dass jedes meiner Worte
der Welt laut entgegenschreit,
was mir wichtig ist.
Während ich darum bete,
dass sich die Welt endlich wieder einkriegt
und alles wieder einigermaßen
so wie früher wird.

Nein, es liegt nicht nur an mir.
Die Welt steht gefühlt an einem Scheidepunkt
und es ist an uns, laut zu sein,
aufzustehen,
unsere Meinung zu sagen
und nicht einfach nur stumm danebenzustehen
und alles geschehen zu lassen.

Das ist nicht die Welt,
in der ich leben will.
Also muss ich dabei helfen,
sie besser zu machen,
und wenn ich es nur dadurch tue,
indem ich laut schreibe,
anstatt zu schreien,
in der Hoffnung,

dass mich jemand hören kann
und wir gemeinsam
unsere Welt wieder
zu einem schönen Ort machen können.

Mark Forster – Kogong

AKZEPTANZ

Manchmal kommt man im Leben zu Erkenntnissen,
die man lieber nicht gehabt hätte.
Manchmal lebte man lieber in seliger Unwissenheit
samt rosaroter Brille
und dem Glauben daran,
dass im Grunde alle Menschen gut sind.
Doch leider muss man manchmal erkennen,
dass es bei bestimmten Menschen
eben nicht so ist.

Man kann niemanden dazu zwingen,
einen zu respektieren.
Man kann versuchen, diesen Respekt einzufordern,
aber was, wenn das nichts bringt?

Man kann niemanden dazu zwingen,
einen zu mögen,
egal wie sehr man sich auch um diese Person bemüht.
Oder sich deren Freundschaft und Gesellschaft wünscht.

Man kann niemanden dazu zwingen,
einen zu lieben,
auch wenn man glaubt,
ein Recht auf diese Liebe zu haben.

Manchmal muss man akzeptieren,
dass einem die Hände gebunden,
und alle zur Verfügung stehenden Mittel
ausgeschöpft sind.

Manchmal bleibt einem nur das:
Akzeptanz.
Und der Schmerz zu wissen,
dass man nichts anderes mehr tun kann als das.

Holly Macve feat. Lana Del Rey – Suburban House

ALTE Freunde

Manchmal fragt man sich,
wie man an den Punkt gekommen ist,
an dem man sich gerade befindet.
Das Leben kann schon komische Wendungen nehmen.
Und manchmal sind wir es, die komisch sind –
zumindest verglichen damit,
wie wir früher waren.

Manchmal kann ich gar nicht glauben,
wie mein Leben heute aussieht,
und wie viele einzelne Schritte
und Entscheidungen
mich dorthin geführt haben.
Ich bin glücklich.
So glücklich,
wie ich es mir vor 20 Jahren nicht vorstellen konnte.

Damals war ich einsam,
verzweifelt
und allein.
Jeden Tag versuchte ich,
allen anderen aus dem Weg zu gehen,

in der Hoffnung, einen Tag zu überstehen,
ohne mit diesem Hass konfrontiert zu werden.

In einer Phase im Leben,
die sowieso schon schwierig genug ist,
in der ein junger Mensch versucht herauszufinden,
wie das mit diesem Übergang klappt
zwischen Kind und Jugendlicher,
zwischen Teenager und Bald-Erwachsen,
ist es umso schwieriger,
wenn einem dauernd eingeredet wird,
dass einfach alles an einem falsch ist.

Man sieht falsch aus,
riecht falsch,
isst falsch,
reagiert falsch,
denkt falsch,
sagt das Falsche,
ist einfach komplett falsch.

In dieser Phase im Leben
ist man schon verunsichert genug.
Man versucht herauszufinden, wer man ist,
was einem gefällt,
was aus einem werden soll.
Man stellt erste Weichen
und versucht, seinen Platz in der Gesellschaft zu finden.

Aber was,
wenn diese Gesellschaft einen nicht haben will?
Wenn man auf jedes freundliche Wort,
verletzende Worte zurückbekommt?
Wenn man für das, was einen ausmacht, gehasst wird?
Wenn man, egal, was man tut,
es ihnen einfach nie recht machen kann,
weil sie das hassen,
das man eben nicht ändern kann?

Ich weiß noch so gut,
wie schlecht es mir damals ging
und wie leicht es gewesen wäre,
mein restliches Leben wegzuwerfen,
weil es leichter erschien,
als sich ihnen jeden Tag zu stellen
und zu kämpfen,
anstatt sich der Verzweiflung,
der Angst
und dieser unendlichen Traurigkeit hinzugeben.

Mich haben die Worte gerettet,
Worte wie diese,
die mir vielleicht
Freundschaften nicht ersetzen konnten,
aber die mir das Gefühl gaben,
nicht komplett allein zu sein.

Da war immer noch das Stück Papier,
das darauf wartete, beschrieben zu werden,
die Tinte, die darauf wartete,
in Worte verwandelt zu werden.
Und je mehr ich schrieb, desto besser ging es mir.
Desto leichter fühlte ich mich.

Ich fand mich selbst
zwischen den Buchdeckeln eines Notizbuches
und ich danke wem auch immer da oben
jeden Tag dafür,
dass es so gekommen ist
und ich mich seitdem auch nie wieder
so sehr verloren habe
wie damals.

Aber manchmal spüre ich sie immer noch –
dieses junge Mädchen,
das allein in seinem Zimmer sitzt,
und über Stunden Träne um Träne vergießt,
während es sich fragt, was an ihm so falsch ist,
dass es jeder zu hassen scheint.
Warum sie so wenig liebenswert ist.
Und warum, Gott
– oder wer auch immer –
ihren Körper
und ihr Gehirn so gemacht hat,
wie sie eben sind,

weil das der Grund dafür ist,
aus dem sie ausgegrenzt,
angespuckt,
beleidigt
und verletzt wurde.

Manchmal spüre ich
ihre Anwesenheit in meinem Inneren bis heute.
Und manchmal würde ich einfach gern die Arme um sie,
mein früheres Ich schlingen,
und ihr sagen,
dass alles eines Tages besser wird,
dass sie eines Tages glücklich sein wird,
und in 20 Jahren zwar ein ganz anderes Leben lebt,
als sie es je geplant hatte,
aber angekommen
und glücklich
und zufrieden sein wird.
Vielleicht würde es helfen.

Ich bin dankbar, dafür, wer ich heute bin.
Und an guten Tagen bin ich auch dankbar für das,
was ich damals durchmachen musste,
weil es mich zu der gemacht hat,
die ich heute bin.
Und dieses Ich ist mein bislang bestes,
glücklichstes Ich.

Und das weiß ich wirklich zu schätzen
ebenso wie die Worte,
die bis heute leere Seiten füllen
und mir helfen,
wann immer ich allein
nicht mit meinen Gedanken
und Gefühlen zurechtkomme.
Wann immer ich meine alten Freunde
Papier und Tinte brauche,
um alles aus mir herauszuschreiben
und dann mit meinem Leben weiterzumachen.
Glücklicher
und zufriedener
und ausgeglichener als jemals zuvor.

Sedona – Lifeline

Handlettering auf der nächsten Seite von Carolin Magunia

Ich fand mich selbst zwischen den Buchdeckeln eines Notizbuches

BAUCH*gefühl*

Fällt es dir leicht,
dich etwas zu trauen?
Fällt es dir leicht,
Entscheidungen einfach mal
deinem Bauch zu überlassen?
Oder grübelst du lieber tage-
oder wochenlang darüber nach,
bis du irgendwann weißt, was du willst?

Eigentlich bin ich ein Grübler.
Ich zerpflücke alle Möglichkeiten,
male mir Horrorszenarien aus,
und hinterfrage mich
und meine Entscheidungen hunderte Male.

Aber manchmal,
manchmal lasse ich auch meinen Bauch entscheiden.
Manchmal fühlt es sich richtig an,
spontan zu sein.
Einfach alle Ängste beiseitezuschieben
und zu springen.

Und wenn ich so zurückdenke, fällt mir auf,
wie oft ich gerade mit diesen Entscheidungen
letztlich am glücklichsten war.

Schon seltsam, oder?
Oder vielleicht auch einfach ein Zeichen,
dass ich öfter meinem Bauchgefühl folgen sollte,
anstatt immer alles zu zerdenken.
Was meinst du?

P!nk - Trustfall

Hoffnung

Früher habe ich die Nachrichten
nie sonderlich ernst genommen.
Das fühlte sich immer alles so weit weg an.
Nichts davon hat mich betroffen –
dachte ich jedenfalls.
Mir war nicht klar,
dass das, wovon die Nachrichtensprecher dort sprachen,
irgendwie doch uns alle betrifft.
Dass die Entscheidungen der Politiker
Auswirkungen auf jeden von uns haben.
Dass die Weltpolitik auch unsere Leben beeinflusst.

Ich glaube, in dem Moment,
in dem mir das klar wurde,
habe ich meine rosarote Brille verloren.
Ich konnte nicht mehr die Augen vor dem verschließen,
was dort draußen los war.

So viel Tod und Leid –
menschengemacht überwiegend.
Und immer wieder frage ich mich,
wie wir einander nur
solch schreckliche Dinge antun können.

Wie kommt man nur darauf?
Wie kann man einem anderen das Leben nehmen?
Wie kann man einen anderen so schwer verletzen,
dass dessen Leben für immer
davon bestimmt werden wird?
Wie?
Das verstehe ich einfach nicht.
Bis heute nicht.

Ich weiß, es ist naiv,
weiterhin zu hoffen,
dass es irgendwann zu einem Umdenken kommen wird.
Dass wir einander nicht mehr so furchtbare Dinge antun
und auch endlich unsere globalen Probleme
in den Griff kriegen.
So viel braucht es eigentlich doch gar nicht.
Jeder von uns kann einen Beitrag leisten,
auch ohne auf so viel verzichten zu müssen.
Also warum tun wir es dann nicht?
Warum achten wir nicht auf unseren Konsum
oder verhalten uns so,
dass wir es wenigstens nicht schlimmer machen?

Gehen wir alle blind durchs Leben,
oder verschließen wir einfach nur zu oft die Augen?
Sind wir wirklich blind für die Schönheit dieser Welt,
oder ist es einfach nur bequemer,
die Augen davor zu verschließen,

was wir unserem Planeten antun
und wie viel von dieser Schönheit
es deswegen bald nicht mehr geben wird?

Ein Teil von mir glaubt nicht mehr daran,
dass es für uns noch Hoffnung gibt,
aber ein anderer Teil von mir
will die Hoffnung einfach nicht aufgeben.
Er klammert sich verzweifelt daran fest,
egal, wie schrecklich die Nachrichten auch sind,
egal, wie düster die Prognosen auch ausfallen.
Und ich habe irgendwie Angst,
was für eine Art Mensch aus mir wird,
wenn dieser hoffnungsvolle Teil irgendwann stirbt,
weil es keinen Grund mehr zu hoffen gibt.

Lotte – Alles okay (gar nichts okay)

KLEBSTOFF *und Mut*

Manchmal besteht unser Herz
nur noch aus winzig kleinen Splittern
und sehr, sehr viel Klebstoff,
der verzweifelt versucht,
die Splitter zusammenzuhalten.

Wenn dein Herz so viel Klebstoff braucht,
ist es schwer, Worte wie
»für immer«
und »Liebe« zu glauben.
Es ist schwer,
sich wieder auf jemanden einzulassen,
wenn alle Instinkte einen anbrüllen
und davor warnen,
jemals wieder Vertrauen
in einen anderen Menschen zu setzen.

Wenn dein Herz einmal zu oft gebrochen wurde,
ist es alles andere als leicht,
es einem anderen zu öffnen,
sich verwundbar zu machen
und genug Vertrauen aufzubringen,
um jemanden an sich heranzulassen.

Besteht doch immer die Gefahr,
dass auch diese Person nicht die ist,
die sie zu sein scheint.

Wenn »für immer« sich viel zu oft
nur als eine kurze Zeitspanne herausgestellt hat
und »Liebe« immer nur Schmerz bedeutete,
wie soll man diese Worte noch glauben können?
Wie noch Vertrauen in sie setzen?

Aber andererseits, was wäre die Alternative?
Allen und allem aus dem Weg zu gehen,
aus Angst,
wieder verletzt zu werden?

Ich denke, es ist mutig,
sich verletzlich zu machen,
obwohl man genug Erfahrungen gesammelt hat,
dass man es eigentlich besser weiß.
Ich denke, es ist mutig,
Vertrauen zu schenken,
obwohl es schon mehr als einmal zu oft verletzt wurde.
Ich denke, es ist mutig,
sich nicht von allen Menschen zurückzuziehen,
obwohl es sich sicherer anfühlen würde.
Ich denke, es ist mutig,
sich dem Leben, der Liebe und den Menschen zu öffnen,
obwohl man sich am liebsten verstecken würde.

Ich wünsche mir, so mutig zu sein.
Aber bis ich es bin,
muss ich noch viel an mir arbeiten.
Doch das will ich.

Ich will mir nicht die Chance auf Glück rauben,
nur weil ich Angst habe.
Ich will, dass mein Herz
von etwas anderem zusammengehalten wird
als Klebstoff.
Ich will, dass ich wieder Glück
in den Armen eines anderen Menschen finde.
Ich will, dass ich wieder mutig genug bin,
anderen mein Herz zu schenken.
Ich will wieder voller Vertrauen sein.
Ich will wieder mutig sein.
Und irgendwann, werde ich es sein.

Lauren Spencer Smith - Flowers

ICH *bin da*

Ich weiß, es fühlt sich gerade so an,
als würde deine Welt auseinanderbrechen.
Und ich weiß, es gibt nichts,
das ich sagen könnte,
um es besser zu machen.
Aber was ich machen kann, ist,
dich zu halten,
damit du nicht vergisst,
dass ich da bin
und du da nicht allein durchmusst.

Ich halte dich, egal wie lange.
Egal, was passiert.
Egal, wie viele dich verlassen
und im Stich lassen.
Ich bin da.
Und ich werde nirgendwo hingehen.
Nicht heute,
nicht morgen,
nicht nächste Woche.

Ich bleibe an deiner Seite,
egal was kommt.

Ich halte dich,
während deine Welt zerbricht
und ich halte dich noch immer,
wenn du sie wieder zusammensetzt.
Ich bin da.
Ich werde immer da sein.

Gracie Abrams - Cedar
Charlotte Cardin - Next To You

LAUTE *Stille*

Mir war nie bewusst, wie laut Stille sein kann.
Wie laut Stille schreien kann.
Keine Entschuldigungen mehr.
Keine Ausreden mehr.
Keine Erklärungen mehr.
Einfach nur Stille.

Kein Klopfen an der Tür mehr.
Kein Geschrei mehr.
Keine Vorwürfe mehr.
Keine zuschlagende Tür mehr.
Nur Stille.

Du hast gesagt,
es war nur ein Versehen.
Du hast gesagt,
es war nicht so gemeint.
Du hast gesagt,
es tut dir leid.
Du hast gesagt,
es kommt nie wieder vor.
Aber ich höre kein einziges deiner Worte.

Mein Trommelfell ist geplatzt.
Du hast gesagt,
ich hätte dich nicht provozieren sollen.
Du hast gesagt,
ich hätte es besser wissen sollen.
Du hast gesagt,
du hast gerade viel Stress.
Du hast gesagt,
dir ist einfach nur die Hand ausgerutscht.
Aber ich bin die, die blutet.

Du hast gesagt,
ich soll mich nicht so anstellen.
Du hast gesagt,
ich soll nicht so übertreiben.
Du hast gesagt,
du liebst mich.
Du hast gesagt ...
Es interessiert mich nicht.
Meine drei gebrochenen Rippen
sprechen ihre eigene Sprache.

Es ist mir egal,
wie oft du dich entschuldigst.
Es ist mir egal,
wie viele Ausreden du mir auftischst.
Es ist mir egal,
wie oft du mir versicherst,

dass es nie wieder passieren wird.
Denn schon ein Mal ist zu viel.
Meine Koffer sind gepackt.
Du wirst mich von jetzt an nur noch von hinten sehen.

Wenn du nach Hause kommst,
wird es nur noch dein Zuhause sein.
Wenn du die Tür aufmachst,
wird die anklagende Stille dich erwarten.
Die Stille und die Blutflecken auf dem Parkett.
Vielleicht wird dir dann klar,
was du getan hast.
Mir ist es egal,
denn ich werde weg sein,
und wo ich war, wird nur Stille sein.

Tim Bendzko – Stärker als Gewalt

DEUTSCH *sein*

Manchmal frage ich mich,
wie es sein kann,
dass ich die Welt ganz anders sehe,
als sie eigentlich ist.
Wie kann es sein,
dass da so viel Hass ist,
aus Gründen, die gar keine Gründe sind?

Wie kann es sein,
dass wir auf die gleiche Frage
die genau gleiche Antwort geben,
aber bei dir immer Rückfragen kommen?
Wie kann es sein,
dass ich Deutsche sein darf und du nicht?

Wir sind im selben Land geboren,
im selben Jahr,
in derselben Stadt.
Wir sind beide Deutsche,
aber während das für mich normal ist,
wird es das für dich wohl nie sein.

Warum sollst du dich rechtfertigen,
und ihnen beweisen,
dass du genauso Deutsche bist wie ich und sie?
Warum wirst du angestarrt und sogar angefeindet,
bloß weil du nicht genauso aussiehst wie ich?
Haben sie denn alle vergessen,
dass jeder von uns Wurzeln hat?
Dass wir alle Verbindungen in andere Länder haben?

Europa ist ein Land der Migration.
Wir alle kommen irgendwo her.
Ich bin Deutsche,
aber meine Vorfahren stammen in X-Generationen
aus Tschechien und Griechenland,
aus Dänemark und Italien
und wer weiß woher noch alles.

Macht mich das weniger deutsch?
Warum darfst du also nicht genauso Deutsche sein,
nur weil die Migration deiner Vorfahren
noch nicht so lange her ist?
Wer bestimmt denn, wann es lang genug ist?
Und wie lange wird es noch dauern,
bis das endlich alles egal wird?

Johannes Oerding – Was ist mit der Welt passiert

DIE ZEIT

Die Zeit ist schon etwas Merkwürdiges.
Ich meine, wie kann es sein,
dass manche Stunden,
Tage
oder Wochen
ewig dauern
und gar nicht rumgehen wollen,
und dann wieder Monate verfliegen?

Wie kann es sein, dass ein Jahr so schnell vorbeigeht?
Wie kann ich schon fast Mitte 30 sein,
obwohl ich mich kein bisschen älter fühle als mit 20?
Was ist das mit der Zeit,
dass sie mal zu kriechen
und mal dahin zu rasen scheint?

Es gibt Tage, da würde ich gern vorspulen,
und andere,
die ich gern immer und immer wieder
erleben wollen würde.
Aber weder das eine noch das andere ist möglich.
Und manchmal könnte man daran verzweifeln.

Ich wünschte, manche Tage könnten ewig dauern,
manche Momente für immer sein.
Warum können wir nicht selbst
über den Verlauf der Zeit bestimmen?
Und wenn wir es könnten,
was würdest du tun?

Würdest du manche Tage
oder bloß Termine vorspulen?
Würdest du die Zeit verlangsamen,
um jeden Augenblick vollumfänglich zu erleben
und wertzuschätzen?
Oder ist es gerade die Mischung,
die unser Leben lebenswert
und besonders macht?

Young Mister – On The Inside

Das Mädchen

Du glaubst,
die Welt wäre ein besserer Ort ohne dich.
Warum?
Bloß weil das ein paar Unbekannte
im Internet behaupten?

Du glaubst, du würdest deiner Familie
und deinen Freunden
einen Gefallen tun,
wenn es dich nicht mehr gäbe?
Warum?
Haben sie das gesagt?
Ich glaube nicht.
Und selbst wenn,
warum sollte ihre Meinung wichtiger sein
als dein Leben?

Ich weiß, dass diese Gedanken
und Gefühle hartnäckig sind.
Glaub mir, ich weiß es wirklich.
Vor zwanzig Jahren war ich du.

Ich war das Mädchen,
das auf hasserfüllte Nachrichten starrte
und sich fragte, was an ihm so falsch war,
dass es so viel Hass hervorrief.

Ich war das Mädchen,
das allein beim Gedanken daran,
diesen Leuten gegenüberzutreten,
Bauchweh bekam.

Ich war das Mädchen,
das mehr und mehr glaubte,
was sie sagten,
weil sie es so oft sagten
und schrieben.

Ich war das Mädchen,
das lernte, niemandem zu vertrauen,
weil es viel zu oft verletzt worden war.

Ich war das Mädchen,
das sich nicht traute, Freundschaften zu schließen,
weil es überall Verrat witterte.

Ich war das Mädchen,
das sich fragte,
ob es nicht besser wäre,
einfach zu tun, was sie sagten.

Ich war das Mädchen,
das dabei zusehen musste,
wie die Sorge
und die Machtlosigkeit
langsam ihre Mutter auffraßen,
deren einziges Verbrechen es war,
mich zu lieben.

Ich war das Mädchen,
das das Gefühl hatte,
bloß noch eine Last zu sein.

Ich war das Mädchen,
das eine Liste schrieb,
mit Pro- und Kontra-Argumenten
für und gegen das Leben,
für und gegen das Gegenteil.

Ich war dieses Mädchen,
aber heute bin ich es nicht mehr.

Ich habe sie nicht gewinnen lassen.
Mein Leben heute ist vielleicht nicht perfekt,
aber allein die Tatsache,
dass ich es noch lebe,
ist für mich ein Sieg.

Also bitte, glaub ihnen nicht.
Die Welt kann kein besserer
oder schönerer Ort sein,
wenn es dich nicht mehr gibt.
Sie wäre dunkler,
denn die hasserfüllten Worte hätten gewonnen.

Vor zwanzig Jahren hatte ich keine Ahnung,
wie mein Leben heute einmal sein würde.
Ich konnte mir keine Zukunft vorstellen,
ohne den Hass.
Ohne diese Worte,
die sich in meine Seele fraßen.
Aber heute lebe ich ein Leben,
das nur mir gehört.
Ein Leben,
in dem die Meinung anderer keine Rolle spielt.
Ich habe sie besiegt
und darauf bin ich stolz.

U.S. Royalty – Into The Thicket

50 Worte *oder 100*

Wie kann es sein,
dass ich von einem Tag auf den anderen,
von einem Moment zum nächsten,
nicht mehr weiß,
wer du bist
und ob ich dich überhaupt je gekannt habe?
Ich dachte, ich wüsste alles über dich,
hätte deine besten
und schwächsten Momente gesehen
und dann ändert ein Abend einfach alles.

Ich werde nie den Blick in deinen Augen vergessen.
Wie du deine Gefühle für mich,
deine Liebe einfach ausgeschaltet hast
und mich ansahst,
als wäre ich eine Fremde,
als würde ich dir nichts bedeuten.

Da war kein Leuchten mehr in deinen Augen,
keine Liebe,
keine Wärme.

Da war nur Kälte und für einen Moment,
den Bruchteil einer Sekunde,
Hass.

Hast du dich wirklich so sehr verändert
oder habe ich dich einfach bloß nie wirklich gekannt?
Dein Mund sagt etwas anderes,
aber meine blauen Flecken
sprechen ihre eigene Sprache.

Du wusstest immer,
wie du mich dazu bringen konntest,
dir alles zu verzeihen.
Du wusstest, wie du mit mir reden musstest,
was du sagen musstest,
damit ich dir glaube,
dass es dir leidtut.
Aber auf einmal ist es,
als hättest du diese Fähigkeit in dem Moment verloren,
als deine Faust das erste Mal meine Haut traf.

Ich höre die Worte,
die aus deinem Mund kommen,
ich verstehe ihren Sinn.
Ich habe sie schon so oft gehört,
immer wieder,
wann immer wir uns stritten.
Aber heute ist es anders.

Heute sind meine blauen Flecken lauter
als deine Entschuldigungen.

Rede nur weiter,
es ist mir egal.
Sobald der Teil von mir,
der auf diesem Laminatboden gestorben ist,
als deine Fäuste
ihre Wut an meinem Körper abreagierten,
aus seinem Schock erwacht
und etwas anderes spürt
als Schmerz und Taubheit,
ist es vorbei mit uns.

Ich werde dich verlassen.
Ich werde zur Polizei gehen.
Und ich werde nie wieder zulassen,
dass deine Worte mich einlullen
und dazu bringen, dir zu vergeben.
Gleich ist es so weit.
Noch 50 Worte
oder 100,
es ist egal,
denn sie bedeuten mir nichts mehr.

Lotte – Alles okay (gar nichts okay)

ERWARTUNGEN

Das Leben besteht aus Erwartungen,
daran, wie man zu sein hat,
oder wie man nicht sein sollte.
Daran, was man mögen
oder nicht mögen sollte.
Daran, wie man zu leben hat
oder wie man besser nicht leben sollte.

Jeder stellt diese Erwartungen an andere,
an Freunde,
Familienmitglieder,
Fremde.
Jeder hat bestimmte Vorstellungen im Kopf davon,
wie man zu sein hat,
und jeder urteilt ständig über andere,
bewertet sie nach diesen subjektiven Vorstellungen.
Und das, obwohl jeder von uns
schon mindestens einmal im Leben
unter den Erwartungen anderer gelitten hat.

Wir Menschen sind schon komisch.
Wenn wir ehrlich sind,
sind wir unser eigener schlimmster Feind.
Wir lernen nicht aus unseren Fehlern
und passen unsere Erwartungen an andere
viel zu selten an.
Warum sind wir so?
Warum können wir da nicht aus unserer Haut?
Warum können wir es nicht besser machen,
besser sein?
Warum nehmen wir das viel zu oft einfach so hin?

Monica Martin – Green Gloves

STÜCK für Stück

Ich habe es nicht bemerkt, weißt du?
Wie ich Stück um Stück meiner selbst verlor.
Es waren so kleine Stücke,
winzige Stückchen,
so klein,
dass ich ihr Fehlen einfach nicht bemerkte.

Ich merkte es nicht,
bis du immer größere Stücke aus mir herausschlugst
wie ein Künstler aus Stein.
Wie du mich zu etwas formtest,
das nicht mehr ich war,
aber noch immer nicht perfekt genug,
in deinen Augen.

Ich bemerkte es nicht, bis es zu spät war.
Und jetzt frage ich mich, ob es einen Weg zurück gibt.
Kann ich die herausgebrochenen Teile
wieder zurückbekommen,
sie wieder drankleben?
Irgendwie wieder ganz werden?
Oder werde ich für den Rest meines Lebens
deine Version von mir bleiben?

Eine unfertige Version,
mit einem Tuch verhüllt,
bis du entweder dein Werk zu Ende bringst,
oder ich einen Weg finde,
meine verlorenen Stücke wieder anzubringen,
damit ich wieder ich sein kann.
Ich frage mich, was davon es werden wird,
obwohl ein Teil von mir Angst vor der Antwort hat.

Mary Komasa – Lost Me

ZEITREISEN

Manchmal wünschte ich,
ich könnte durch die Zeit reisen.
Es gibt so viel, was ich heute anders,
besser,
machen würde.
So vieles, was ich gern zurücknehmen würde.
Und die ein oder andere Chance,
die ich gern ergriffen hätte.

Andererseits frage ich mich auch,
wie viele dieser Entscheidungen
mich an diesen Punkt gebracht haben,
an dem ich heute bin.
Wie viele dieser Entscheidungen
haben mich zu der gemacht,
die ich heute bin?
Wie viele von ihnen haben mich geprägt,
ohne dass ich es weiß?

Würde ich alles besser machen?
Oder würde ich eine Kettenreaktion auslösen
und am Ende mich selbst
oder mein Leben
nicht mehr wiedererkennen?

Was ist es, das uns ausmacht?
Sind es die Chancen, die wir ergreifen,
oder die, die wir verpassen?
Sind es die Dinge, die wir tun,
oder die wir uns entscheiden, nicht zu tun?
Oder ist es eine Mischung aus all dem?

Würdest du durch die Zeit reisen
und Dinge verändern, wenn du es könntest?
Oder hättest du auch zu viel Angst davor,
in eine Gegenwart zurückzukommen,
die viel schlimmer ist als zuvor?

The Lumineers – The Brightside

Vertrauen

Es braucht Mut, um zu vertrauen.
Mut, der mir schon seit langer Zeit fehlt.
Ich bin immer auf der Hut,
rechne die ganze Zeit mit Verrat,
mit Enttäuschungen.
Ich weiß nicht mehr, wie lange es her ist,
dass ich zuletzt jemandem vertraut habe.

Meine Vergangenheit ist gepflastert
mit Enttäuschungen.
Mit Blut und Tränen,
gebrochenen Versprechen
und dem Wissen,
dass es so viele Menschen gibt,
die es nicht verdienen,
dass man ihnen vertraut.
Ich frage mich,
ob ich jemals wieder einem anderen
wirklich werde vertrauen können,
oder ob dieser Teil von mir
einfach zu oft verletzt worden ist.

Was ist Vertrauen?
Ist es etwas Endliches,
das man nur eine bestimmte Anzahl an Malen
verschenken kann,
bevor der Vorrat erschöpft ist
und einfach nichts mehr da ist,
das man verschenken könnte?
Oder ist Vertrauen wie ein Muskel?
Wenn man ihn nicht benutzt, verkümmert er
und funktioniert nicht mehr.

Aber selbst wenn Vertrauen wie ein Muskel wäre,
und immer stärker
und widerstandsfähiger würde,
je öfter ich ihn benutze,
ich weiß einfach nicht,
ob ich mich dazu durchringen kann,
es zu tun.
Jede Enttäuschung,
jeder Verrat
hat tiefe Narben hinterlassen.
Sie haben mich geprägt
und heute habe ich einfach Angst,
jemandem mein Vertrauen zu schenken.

Ich will nicht wieder verletzt werden.
Ich will mir nicht wieder Vorwürfe machen müssen,
weil ich es hätte besser wissen müssen.

Wer weiß, vielleicht bin ich eines Tages mutiger.
Vielleicht tritt jemand in mein Leben,
dem ich vertrauen will
und bei dem ich mich überwinden kann,
es tatsächlich auch zu tun.
Wer weiß.
Vielleicht.
Und vielleicht ist da auch ein kleiner Teil von mir,
der darauf hofft.

Kenna Childs – Oceans

WÜNSCHE

An manchen Tagen fühlt es sich an,
als wollten mich meine Unzulänglichkeiten ersticken.
Sie schreien mich an
und sind viel zu laut,
um sie zu überhören.
Vor allem die, die sich auf dich beziehen.

Ich weiß, dass du so viel mehr verdient hast,
als ich dir geben kann.
Du hast mehr verdient
als eine Frau, die nur noch aus Splittern besteht
und notdürftig mit Klebstoff zusammengehalten wird.
Du hast jemanden verdient, der ganz ist.
Jemanden, der nicht ständig mit allem überfordert ist.
Jemanden, der nicht so leicht zerbricht.

Ich wünschte so sehr, ich könnte dieser jemand sein,
nicht nur für dich, sondern auch für mich.
Es muss schön sein, ganz zu sein.
Nicht ständig auf Trigger zu stoßen
und wieder in tausend Teile zu zerbrechen.
Wie ist es so,
nicht immer wieder an seine Grenzen zu stoßen?
Ich wünschte, ich wüsste es auch.

Ich wäre so gern ganz für dich.
Ich wäre so gern die, die ich früher einmal war,
bevor all das passiert ist.
Bevor ich zerbrochen bin.
Aber ich kann die Zeit nicht zurückdrehen
und ich kann nie wieder ganz sein.

Ich kann nur versuchen,
die Welt so zu sehen,
wie du es tust,
und meine Narben als Trophäen sehen,
als Beweis dafür,
dass ich gekämpft und gewonnen habe.
Ich weiß nicht, wie du das machst,
aber ich will versuchen, es zu lernen.
Ich will versuchen, meine Unzulänglichkeiten
nicht mehr als solche zu sehen,
sondern sie einfach
als einen Teil von mir zu akzeptieren.
Ich weiß nicht, wie lange das dauernd wird,
aber ich hoffe,
dass es mir irgendwann gelingen wird.

Longview – Can't Explain

WELT *in Flammen*

Wie soll man sein Leben so weiterführen wie bisher,
wenn die Welt in Flammen steht?
Wenn Bomben auf Städte regnen
und Menschen um ihr Leben rennen?
Wenn die Welt bloß dabei zusieht,
während Hunderte
und Tausende verletzt werden
oder gar ihr Leben verlieren?

Wie soll man weitermachen,
als wäre nichts geschehen,
wenn der Himmel nachts orangerot glüht?
Wenn Dörfer und Städte in Trümmern liegen?
Familien werden auseinandergerissen
oder komplett ausgelöscht
und wir stehen alle nur am Rand und schauen zu.

Wie soll man da ein normales Leben führen?
Und wie normal kann es schon sein,
wenn wir so viel Tod
und Zerstörung einfach geschehen lassen,
bloß weil wir selbst nicht direkt davon betroffen sind?

Haben wir aus der Vergangenheit nichts gelernt?
Wir hoffen, einen Flächenbrand einzudämmen,
indem wir andere kämpfen lassen
und dafür beten,
dass sie nicht verlieren.

Wie kann es sein,
dass die Welt heute wieder
an einem Scheitelpunkt zu stehen scheint?
Rechtsruck überall in Europa,
Hass wohin man auch blickt.
Krieg praktisch vor unserer Haustür
und überall die Angst,
unseren Wohlstand zu verlieren,
während so viele nichts mehr haben
außer ihrem Leben.

Popsongs umgedichtet in Schmähreden.
Parolen offen auf der Straße gebrüllt
und kaum jemand stört sich daran.
Wo soll das noch hinführen?
Protest-Stimmen werden zu Überzeugungen,
Wahlprogramme spielen keine Rolle mehr
und niemand will sehen,
wo das hinführen könnte.

Die Vergangenheit starrt uns ins Gesicht –
wofür entscheiden wir uns?
Beim letzten Mal waren es
zwischen 60 und 80 Millionen Tote,
wie viele werden es dieses Mal sein?
Haben wir nichts von den Toten gelernt?
Warum wiederholen wir ihre Fehler,
während wir uns für so viel klüger halten?

Was, wenn es bald unser Himmel sein wird,
der orangerot glüht?
Unsere Städte, die in Trümmern liegen
und wir die sein werden,
die in anderen Ländern Zuflucht suchen?
Werden wir dann immer noch Parolen brüllen
und uns allen überlegen fühlen?
Oder werden wir auf dem Weg dahin
doch noch umschwenken
und einen anderen Weg einschlagen?
Können wir noch zurück
oder sind die Weichen bereits gestellt?

Ruelle (feat. Fleurie) – Carry You

MEINE *Worte*

Wo sind meine Worte hin?
Sie waren meine ständigen Begleiter.
Waren immer einfach da,
wenn ich sie brauchte.
Haben mich durch jede Krise begleitet
und immer den Druck verringert,
wann immer
ich in meinen Gefühlen zu ertrinken drohte.

Ich habe mich über sie beschwert,
wenn sie mich unterbrochen haben.
Habe sie für selbstverständlich genommen,
sie aus dem Ärmel geschüttelt
wie einen billigen Zaubertrick.
Ich wusste sie nicht zu schätzen,
als sie noch da waren,
und jetzt bin ich verloren ohne sie.

Wer bin ich ohne meine Worte?
Nur noch mein halbes ich.

Sleeping at Last – Saturn

WINTER

Draußen strahlt die Sonne,
aber in mir drin ist alles dunkel,
in mir drin regnen die Wolken die Tränen,
die ich nicht vergießen kann.
In mir drin ist alles kalt und leer.
Eine Einöde,
karg und unwirtlich.
In mir drin ist Winter.

Wie kann es sein,
dass draußen Sommer ist,
die Blumen blühen,
aber in mir drin ist alles verdorrt?
Ich bin eine leere unendliche Weite,
bedeckt von Schnee und Eis.
In mir ist keine Sonne.
In mir drin ist Winter.

Manchmal frage ich mich,
ob ich da jemals wieder rauskommen werde,
aus diesem Winter tief in mir drin.
Werde ich jemals diese Eiszeit hinter mir lassen?
Werde ich je den Frühling erleben,
wenn all das Eis endlich schmilzt

und die Blumen ihre Köpfe vorsichtig herausstrecken?
Oder werde ich diese Kälte niemals los?

Ich weiß nicht, wann es anfing,
wann alles in mir erfroren ist.
Ich weiß nur, dass es so ist.
Ich betrachte die Welt wie hinter Glas,
distanziert.
Ich bin kein Teil von ihr.
Draußen wechseln die Jahreszeiten,
aber in mir drin ist Winter.

Manchmal sehne ich mich so sehr nach Wärme,
dass ich daran verzweifeln könnte.
Mir soll endlich wieder warm werden.
Ich will wieder ein Teil der Welt sein.
Ich will nicht mehr auf Distanz bleiben.
Ich will endlich diese Traurigkeit loswerden
und wieder die Sonne in mein Leben lassen.
Aber in mir drin ist Winter
und ich weiß nicht,
wie ich das jemals ändern kann.

Doch wer weiß,
vielleicht ist, es zu wollen, ja der erste Schritt?
Ich hoffe es.
Ich hab genug vom Winter,
genug für ein ganzes Leben.

Sammy Amara & Broilers – Winter

WER *wir sind*

Wie viele von uns
leben jeden Tag ihres Lebens
mit einer Lüge?
Wie viele von uns
trauen sich nicht,
ihr wahres Ich zu zeigen?
Wie viele von uns
verstecken etwas vor der Welt?
Sei es unsere Sexualität,
unsere Geschlechtsidentität,
unsere politische Meinung,
der Lebensstil, nach dem wir uns sehnen,
oder auch nur unsere Gefühle für jemanden.

Warum haben wir so oft Angst,
wir selbst zu sein?
Ist es immer nur die Angst vor Ablehnung
oder Repressalien?
Oder ist es manchmal vielleicht auch einfach
die Angst vor uns selbst?

Hast du deinen Frieden mit dir selbst gemacht?
Akzeptierst du dich so, wie du bist?

Mit all deinen Facetten?
Stehst du dazu, wer du bist?
Was du willst?
Was dir wichtig ist?
Woran du glaubst?
Oder versteckst auch du einen Teil von dir vor der Welt?

Es braucht Mut,
zu sich selbst zu stehen.
Es ist so viel einfacher,
in der Masse unterzugehen.
Sich ihnen anzupassen
und sich selbst etwas vorzumachen.
Dass es nur eine Phase ist.
Dass es nicht so wichtig ist.
Dass man doch auch so zufrieden ist.
Dabei weiß man die ganze Zeit,
dass es eine Lüge ist.

Ich weiß, es ist naiv,
aber ich wünsche mir,
dass wir eines Tages alle
ohne Angst
die sein können,
die wir wirklich sind.
Dass niemand für Dinge verurteilt
oder gar eingesperrt
oder hingerichtet wird,

die zu ihm gehören.
Dafür, dass er seine oder ihre Meinung sagt
oder einfach nicht der gängigen Norm entspricht.

Ich wünsche mir eine Welt,
in der wir alle frei sind zu sein,
wer wir sind.
Zu glauben,
woran wir glauben,
zu denken und zu sagen,
was wir wollen.
und jeder sein Leben in Frieden leben kann.

Ich weiß, dass es dazu wahrscheinlich nie kommen wird,
aber ich gebe nicht auf zu hoffen
und zu träumen.
Wer weiß, wenn genug Menschen mit mir hoffen,
genug mit mir träumen,
vielleicht gelingt es uns dann,
aus der Welt so einen Ort zu machen.

Damit jeder und jede sein kann,
wie sie oder er eben ist.
Damit niemand mehr irgendetwas verstecken muss.
Damit wir alle mutig sein können.
Damit wir ohne Angst leben können.

Shervin Hajipour – Baraye

Soundtrack

Elif – Nur mir
Lotte – Woran hältst du dich fest, wenn alles zerbricht? (Pt. 1)
Mandy Harvey – Try
Nina Gordon – The Time Comes
Nelly Furtado – Try
Loren Allred – Never Enough
Madilyn Bailey – She's So Overrated
Madilyn Bailey – At Least She's Pretty
Nightbirde – It's OK
Lotte – Woran hältst du dich fest, wenn alles zerbricht (Pt. 1)
Lotte – So wie ich
Lea – Schwarz
Lea – Heimweh nach wir
Shervin Hajipour – Baraye
Stefanie Heinzmann – Ungeschminkt
Nelly Furtado – Try
Billie Eilish – What Was I made For
Beyoncé – I Was Here
Demi Lovato – Catch Me
JP Saxe – If the World Was Ending (feat. Julia Michaels)
Wrabel – The Village
NIKI – Oceans & Engines
Stereophonics – Bright Red Star
Jetta – Feels Like Coming Home
Wolf Larsen – If I Be Wrong
Lauren Spencer Smith – Narcissist (Piano Version)
Taylor Swift – Nothing New (Taylor's Version)
Wrabel – The Village
Billie Eilish – What Was I Made For
Marshmello & Halsey – Be Kind
Lana Del Rey – Happiness Is A Butterfly

Mark Foster – Kogong
Holly Macve feat. Lana Del Rey – Suburban House
Sedona – Lifeline
P!nk – Trustfall
Lotte – Alles okay (gar nichts okay)
Lauren Spencer Smith – Flowers
Gracie Abrams – Cedar
Charlotte Cardin – Next To You
Tim Bendzko – Stärker als Gewalt
Johannes Oerding – Was ist mit der Welt passiert
Young Mister – On The Inside
U.S. Royalty – Into The Thicket
Lotte – Alles okay (gar nichts okay)
Monica Martin – Green Gloves
Mary Komasa – Lost Me
The Lumineers – The Brightside
Kenna Childs – Oceans
Longview – Can't Explain
Ruelle (feat. Fleurie) – Carry You
Sleeping at Last – Saturn
Sammy Amara & Broilers – Winter
Shervin Hajipour – Baraye

Eine YouTube-Playlist mit allen Songs findet ihr hier:

Dark Rose – Gedanken, Gefühle, Gedichte
Andrea Benesch

Taschenbuch: 9783903248649, 360 Seiten, € 16,90
Hardcover: € 19,90 (nur auf www.andrea-benesch.de)

Verlag SchriftStella

Erschienen im Juni 2020 – *Neuauflage geplant für 2025*

Was machst du, wenn sich die Gedanken in deinem Kopf überschlagen? Wenn sich die Gefühle zu einer gigantischen Welle auftürmen und alle Dämme zu brechen drohen?

Ich schreibe. Zeile um Zeile, Strophe um Strophe, Gedicht um Gedicht banne ich meine Gedanken, meine Gefühle, meine Seele auf Papier. Ich schließe sie ein und verarbeite, was mich sonst zu übermannen versucht.

Ich hoffe, meine Worte berühren dich, begleiten dich und bedeuten dir so viel wie mir.

Dark Rose bin ich und vielleicht auch ein kleines bisschen du?

**TINTENTRÄNEN –
Gefühle auf Papier
Andrea Benesch**

Taschenbuch: 9783903248496, 200 Seiten, € 9,90
Hardcover: € 12,90 (nur auf www.andrea-benesch.de)

Verlag SchriftStella

Erschienen im November 2020
Neuauflage geplant für 2025

Wie gehst du mit Gefühlen um? Wenn die Emotionen hohe Wellen schlagen und der Schmerz einfach zu groß wird? Ich schreibe. Ich verwandle meine Gefühle in Tintentränen und lasse sie aus mir fließen, bis der Druck nachlässt. Ich schließe meinen Schmerz, meine Trauer, all meine Gefühle in meinen Worten ein und banne sie auf Papier.

Das ist meine Art, mit dem Schmerz umzugehen. Die Worte kommen zu mir, wann immer mir alles zu viel wird. Sie tauchen in meinem Kopf auf und sorgen dafür, dass ich mir alles von der Seele schreiben kann. Sie sind meine Rettungsleine, mein Fels in der Brandung, mein sicherer Hafen.

Vielleicht können sie das auch für dich sein. Fang meine Tintentränen auf, lass sie in dein Herz und ich hoffe, sie können auch dir dabei helfen, so manches zu verstehen und zu verarbeiten. Das wäre mein größter Wunsch.

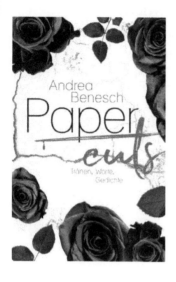

PAPERCUTS –
Tränen, Worte, Gedichte
Andrea Benesch

Taschenbuch: 9783753402826, 208 Seiten, € 9,90
E-Book: 9783753466989, € 2,99
Hardcover: € 12,90 (nur auf www.andrea-benesch.de)

Erschienen im Februar 2021

Manche Wunden reichen tief. Sie hinterlassen Narben. Schnitte auf der Seele, wie Papercuts. Sie sind klein, aber sie brennen ganz fürchterlich. Und manchmal bluten sie sogar.

In meinem Fall bluten sie Worte und Tinte.

Tropfen um Tropfen formen sie Buchstaben und Worte, Gedicht um Gedicht. Sie sind ein Teil von mir und wenn du sie liest, werden sie auch ein Teil von dir.

Lass dich mitnehmen auf eine Reise durch meine Seele und vielleicht erkennst du auch ein Stück von dir in meinen Worten.

**SEELENSPLITTER –
Gedanken, Worte,
Gedichte
Andrea Benesch**

Taschenbuch: 9783753496238, 214 Seiten, € 9,90
E-Book: 9783754309636, € 2,99
Hardcover: € 12,90 (nur auf www.andrea-benesch.de)

Erschienen im Mai 2021

Meine Seele ist zersplittert, das ist sie schon lange. Viele scharfkantige Splitter und ich mittendrin bei dem Versuch, sie irgendwie zu kleben.

Dieses Buch enthält einige dieser Splitter - vielleicht muss ich sie alle zwischen Buchdeckel legen, damit sie sich wieder verbinden. Was denkst du?

Meine Worte sind der Klebstoff, der sie wieder zusammenfügt.

Traust du dich, die Splitter meiner Seele zu lesen? Sie vielleicht sogar in dein Herz zu lassen?

**BETWEEN DARKNESS AND LIGHT – Gedichte
Andrea Benesch**

Taschenbuch: 9783754316719,
204 Seiten, € 9,90
E-Book: 9783754362693,
€ 2,99
Hardcover: € 13,90 (nur auf www.andrea-benesch.de)

Erschienen im September 2021

Wenn die Dunkelheit ihre Finger nach mir ausstreckt und versucht mich in den Abgrund zu ziehen, kommen jedes Mal die Worte zu mir. Sie reichen mir die Hand und helfen mir, die Dunkelheit in mir zurückzudrängen. Aber sie ist immer da und lauert auf den nächsten schwachen Moment.

Wie gehst du mit negativen Gefühlen um?

Ich verwandle sie in Gedichte. Ich lasse sie zusammen mit der Dunkelheit, die auf meiner Seele liegt und mich zu ersticken droht, aus mir herausfließen. Ich mache aus ihnen Tinte auf Papier, sperre die Gefühle in meine Worte ein.

Bist du bereit, diesen Teil meiner Seele an dich heranzulassen? Bist du willens, meine Worte in dein Herz zu lassen?

**DROPS OF HOPE AND FEAR – Gedichte
Andrea Benesch**

Taschenbuch: 9783754349144, 208 Seiten, € 9,90
E-Book: 9783755717843, € 2,99
Hardcover: € 13,90 (nur auf www.andrea-benesch.de)

Erschienen im Dezember 2021

Welches Gefühl denkst du lähmt uns mehr: Hoffnung oder Angst? Welches der beiden ist verheerender, gefährlicher für uns?

Ich glaube, sie sind zwei Seiten einer Medaille. Ohne Hoffnung können wir nicht leben, aber durch sie, geben wir der Angst immerzu Nahrung; denn zeig mir einen Menschen, der keine Angst davor hat, die Hoffnung zu verlieren.

Auch mein Leben wird bestimmt von dem Gleichgewicht zwischen Hoffnung und Angst. Es gibt genug Dinge, die mir Hoffnung schenken, aber auch mindestens genauso viele, die mir Angst machen.

Ich schreibe beide aus mir heraus, in der Hoffnung, dass ich sie auf diese Weise loslassen kann, damit die Waage niemals in die falsche Richtung kippt. Ein Leben ohne Hoffnung, ist das überhaupt ein Leben?

Bist du bereit, von meinen Hoffnungen und Ängsten zu lesen? Dich auf sie einzulassen und dich von ihnen berühren zu lassen?

WENN AUS TRÄNEN WORTE UND AUS WORTEN GEDICHTE WERDEN
Andrea Benesch

Taschenbuch: 9783755749271, 218 Seiten, € 11,99
E-Book: 9783756236909, € 2,99
Hardcover: € 15,90 (nur auf www.andrea-benesch.de)

Erschienen im April 2022

Immer wieder erstaunt es mich, wie aus Gedanken, Worte und aus Worten Gedichte werden. Wie ich meinen Schmerz in etwas Schönes verwandeln kann.
Worte können wundervoll sein, sie können heilen und sie haben die Kraft, meine Tränen einzufangen und auf Papier zu bannen, sie festzuhalten, mich von ihnen zu befreien.

Worte auf Papier sind mein Weg, alles zu verarbeiten, mit mir selbst ins Reine zu kommen. Ich sperre meine Dunkelheit in ihnen ein, damit sie nicht mein Leben dominiert.

Traust du dich, dich all dem zu stellen? Meine Worte zu lesen, meinen Schmerz zu teilen und sie zu einem Teil von dir werden zu lassen?

**PIECES OF MY SOUL –
Tränen auf Papier
Andrea Benesch**

Taschenbuch: 9783756820122, 206 Seiten, € 12,99
E-Book: 9783754309636, € 2,99
Hardcover: € 16,90 (nur auf www.andrea-benesch.de)

Erschienen im November 2022

Wir Menschen sind zerbrechlicher, als wir es uns oft eingestehen wollen. Wir tun nach außen gern so, als wären wir es nicht, aber die Wahrheit sieht ganz anders aus. Worte prügeln auf unsere Seelen ein, bis sie zerbrechen und den Rest unseres Lebens sind wir damit beschäftigt, die Teile wieder zusammenzusammeln, in der Hoffnung, sie wieder zusammenzusetzen, bevor sie das nächste Mal zerbricht.

Dieser Gedichtband enthält viele Splitter meiner Seele. Ich hoffe einfach, dass sie sicher sind zwischen den Buchdeckeln und anderen dabei helfen, auch ihre Seelen wieder zusammenzusetzen.

Bist du bereit, eine Reise durch die Bruchstücke meiner Seele anzutreten? Meine Worte in dein Herz zu lassen und dich vielleicht selbst in ihnen zu finden?

DAS GEWICHT DER WELT IN MEINEN WORTEN – Andrea Benesch

Taschenbuch: 9783734726798, 188 Seiten, € 12,99
E-Book: 9783757833558, € 2,99
Hardcover: € 14,90 (nur auf www.andrea-benesch.de)

Erschienen im April 2023

Wie viel Schmerz passt zwischen zwei Buchdeckel? Wie viel Verzweiflung, wie viel Angst, wie viel Hoffnung und wie viel Liebe? Weißt du es? Willst du es herausfinden?

Egal welches Gefühl aktuell mein Leben dominiert, egal was mich beschäftigt oder mir gar den Schlaf raubt, ich schreibe es auf. Ich schreibe alles aus mir heraus, banne die Worte auf Papier und lasse sie los.

Bist du willens, eine Reise durch meine Welt anzutreten? Bist du bereit, für das Gewicht meiner Worte? Und bist du so weit, dir selbst zwischen diesen Buchdeckeln zu begegnen?

Danksagung

Ich danke dir dafür, dass du mein Buch gelesen und ihm eine Chance hast. Das bedeutet mir so viel!

Danke an meine lieben Bookstagrammer – meine Blogger und Leser und alle, die über meine Worte gestolpert und sie in ihr Herz gelassen haben. Ich bin Selfpublisherin und davon abhängig, dass mein Buch „gesehen" wird, was ohne euch nicht möglich ist. Ich bin so dankbar für euer Feedback und euer Engagement.

Danke Sabrina von *Art for your Book* für dieses wunderschöne Cover! Ich liebe es so sehr.

Danke Carolin für deine Kunst, die du mit meiner verbunden hast. Ich kann immer noch nicht glauben, was du für tolle Letterings gezaubert hast.

Mein größtes Danke geht aber an Muse. Du bist meine andere Hälfte. Ich weiß, ich schlafe zu viel, arbeite zu viel und kaufe dir viel zu wenige Cover, aber trotzdem bist du immer für mich da, wenn mir alles zu viel wird. Also danke dafür, dass du mich jedes Mal wieder aus der Dunkelheit ziehst. Ich hab dich lieb, auch wenn du mich manchmal in den Wahnsinn treibst.

Über die Autorin

Ich habe Geschichte und Germanistik an der Heinrich-Heine-Universität in Düsseldorf studiert. Anschließend habe ich eine Promotion in Siegen begonnen, diese aber bis auf Weiteres zugunsten meiner Tätigkeit als freie Lektorin aufgegeben. Mehr dazu ist hier zu finden: www.lektorat-federundeselsohr.de

Neben dem Schreiben von Gedichtbänden und meiner Arbeit lese ich leidenschaftlich gerne und rezensiere Bücher auf meinem eigenen Blog *Feder und Eselsohr* (www.federundeselsohr.de). Ihr findet mich als *Dark Rose* in verschiedenen Schreibweisen in so ziemlich jeder Buchcommunity und unter dem Namen meines Blogs in den sozialen Medien:

Instagram (Feder und Eselsohr / Andrea Benesch)
YouTube (Feder und Eselsohr)

Außerdem habe ich eine eigene Autorenseite samt Onlineshop:

www.andrea-benesch.de

Milton Keynes UK
Ingram Content Group UK Ltd.
UKHW032330221024
449917UK00004B/252